Daniel Hartnack

Der Kluge Staats-Mann

Kurtzer, doch gründlicher Entwurf der vornehmsten Königreiche und Länder, betreffend die Historie von derselben Anfang bis auf diese Zeit

Daniel Hartnack

Der Kluge Staats-Mann
Kurtzer, doch gründlicher Entwurf der vornehmsten Königreiche und Länder, betreffend die Historie von derselben Anfang bis auf diese Zeit

ISBN/EAN: 9783742897091

Hergestellt in Europa, USA, Kanada, Australien, Japan

Cover: Foto ©ninafisch / pixelio.de

Manufactured and distributed by brebook publishing software (www.brebook.com)

Daniel Hartnack

Der Kluge Staats-Mann

Der Kluge Staats-Mann,

Das ist/
Kurtzer/ doch gründlicher Entwurf der fürnehmsten Königreiche und Länder betreffend die Historie von deroselben Anfang biß auff diese Zeit.

Benebst
Einen sehr nützlichen Bericht/ worzu insonderheit die Nouvellen dienlich.
Alles zu Beförderung dieses edelen Studii Herfür gegeben

von
Friderico Cœlio, Hist.

HAMBURG/
Verlegts Hieronym. Fried. Hoffmann/ Buchh
Gedruckt bey Niclas Spieringk/ Anno 1692.

Denen
Edlen/Wohl=Ehren=Vesten/Groß-
Achtbahren

HERREN

Herrn Wolff Moritz

Und

Herrn Johann Andreas

desgleichen

Herrn Johann Georg
Endtern/

Vornehmen Buchhändlern
in
Nürmberg.

Wie auch

Herrn Johann David
Zunnern

Und

Herrn Baltsar Christoff
Wusten

Vornehmen Buchhändlern
in
Franckfurt am Mayn.

Seinen Hochzuehrenden und geneigten Herren
auch
Sehr wehrten Gönnern
hat dieses sein
Erachten
von Einrichtung der
Alten Teutschen und gegenwärtigen Europäischen
Geschicht
Zu weiterm
Trachten
heimstellen und übergeben
wollen
Dero

dienstfertigster
Daniel Hartnaccius.

Edle/

Vorrede.
An den Günstigen Leser.

Was die Historie vor eine theils anmuthige/ theils nothwendige Wissenschafft sey / und wie selbe auch denen allerdings/welche gantz keine Profession vom studieren machen wollen/wol anstehe/ (im Fall sie nicht bey jedermann vor Ignoranten passiren wollen) wird ohnstreitig keiner seyn/ so hierinn das Gegenspiel zu behaupten sich unterfangen wird. Und ist ja sicherlich zu glauben/ daß/ wer einen Eckel vor dieses Studium zu haben von sich spüren lässet/ derselbe auch nicht zu der geringsten Wissenschafft einige Begierde jemahls rechtschaffen haben wird. Wann nun unsere Vorfahren/ daß/ was zu ihren Zei-

Vorrede.

Zeiten sich begeben / als vor geringe Schätzen/und des Aufzeichnens nicht werth hätten achten wollen/was würde für eine Finsterniß zu unser Zeit in denen Sachen / so ein jeder zu wissen alsdann Verlangen tragen solte/ nicht über alle zu finden seyn? Ja / wann auch gleich bey einem oder den andern von einigen Begebenheiten solte etwas angetroffen werden/würden die wenigsten demselben Warheit beylegen / vielmehr als etwas ertichtetes verwerffen/alldieweil so noch niemand wäre/der solches recht behaupten könte. Allein dem Höchsten sey Danck/ daß es noch jederzeit an rechtschaffenen gelahrten Leuten nicht ermangelt/ welche darinn allemahl sorgfältig gewesen / daß sie der Nachwelt zu Nutze die Geschichte von ihren Zeiten überlassen wollen/und zwar so genau/ daß man auch nunmehr über deren Warheit

Vorrede.

helt nicht den geringsten Zweiffel zu machen Ursach hat. Und wird demnach auch wol unangefochten bleiben / was Cic. Lib. 2. de Orat. c. 9. schon zu seiner Zeit von dieser Wissenschafft also geschrieben: Historia est testis temporum, lux veritatis, vita memoriæ, magistra vitæ, nuncia vetustatis.

Dieses eintzige ist nur zu bedauren/ daß dieses Studium bey der Jugend so gar weit hinaus gesetzet/ und an Statt der neuen Historie/ die alten Scribenten mit derselben von Jugend an so fort tractiret/ ja offtermahls wol zu der neuen/ die doch weit nützlicher wäre/ als die alte/ welche aber doch auch so gar nicht zu verwerffen) in geringsten nicht angewiesen wird. Diesem nach und damit so wol die jenigen/ welche lehren/ als auch die/ so da lernen sollen/ haben möchten/ woran sie beyderseits sich zu halten; So sind schon vor langer Zeit

Vorrede.

Zeit wackere und in diesen Studio wolversirte Männer bewogen worden/ beydes die alte/ als auch neue Historie zum Theil etwas weitläufftig/ zum Theil auch dieselbige in einen kurtzen Begriff abgefasset/ in unterschiedlichen Sprachen an das Tages-Liecht zustellen/ umb dadurch einem jeden Liebhaber dieser Wissenschafft völlige Satisfaction zu geben.

Und diß ist auch/ was den Verfasser dieses Historischen Werckleins bewogen/ gegenwärtigen gar kurtzen Entwurff der fürnehmsten Königreiche und Länder in Europa zu stellen/ damit so wol Anfänger in diesen Studio, als auch welche allbereit ziemlich darinn fortgekommen/ haben möchten/ wessen nemlich jene zur ferneren Unterrichtung/ diese aber zu ihrer kurtzen Wiederholung sich bedienen können.

Es

Vorrede.

Es ist gantz kein Zweiffel fleissige Leser werden einen nicht geringen Nutzen davon zu erwarten haben.

A 4   Cap. I.

Cap. I.
Von der Person und Qualitäten eines Geschicht-Schreibers.

So ein Werck von grosser und sonderbahrer Geschickligkeit es ist die Geschichte der Welt zu beschreiben: So sehr gemein wil es itzt werden; und je gemeiner es wird / je schlechter und verächtlicher kömt es heraus: Je weniger wird der Nach-Welt damit genützet; je mehr denen Geschichten damit geschadet/ und dem Leser steiget je grösserer und grösserer Eckel darob zu. Ein grosses Buch ist ein grosses Übel/ sagte hiebevor Callimachus: itzt aber vermeynet man in dem grössesten Buch stecke die beste Historie/ und wer seinen Folianten am dickesten gemacht / der habe die Historie am allerbesten geschrieben. Curtius beschrieb das Leben Alexandri des Grossen in einem nicht gar zu grossen Buch:
solt

ſolt es itzt geſchehen müſſen / und wären die Sachen noch all in friſchem Gedächtniß / ſolt mirs nicht nach der heutigen Mode Wunder nehmen / wenn mancher ein Bibliothequ daraus machte; die nun welche die Bücher zum Praal ſammlen / haben es zwar gern: welche aber dieſelbe leſen und brauchen ſollen / ſind am meiſten damit geplagt / auch am übelſten darob zu frieden; Und gewiß / wo bey dieſem Unweſen nicht dermahleinſt Maaß gebrauchet wird / ſo iſt zu beſorgen / daß die Buchhändler dadurch verarmen / der Leſer darob erliegen / und die Geſchichte dermahleinſt erlöſchen werden. Ob der Sachen etwann zu helffen / wollen wir mit dieſer kurtzen Erinnerung verſuchen / andern aber die ein mehrers Vermögen / den Nachſatz dabey überlaſſen. Wer bedenckt / wie ein Werck von groſſer Wichtigkeit ſey / Geſchichte geſchickt zu beſchrieben / wird ſich nicht leicht daran machen. Ciceroni fehlt es an Beredtſamkeit nicht / und nachdem er ein Mann von ſcharffen Nachſinnen / reiffen und ausgeübten Urtheil / dazu das Bürgemeiſterampt in Rom verwaltet / gutes und böſes verſucht / wolte ſich wie aus ſeinem erſten Buch von Geſetzen zu ſehen / an die Beſchrei-

ſchreibung der Geſchichte keines weges machen. Als imgleichen Leo Königs Theodori
Rath dem Sidonio anlage / die Gothiſchen
Geſchichte zu beſchreiben / lieſet man aus
dem vierdten Buch ſeiner Epiſteln / wie ers
höfflich von ſich abgelehnet. Wären einige nicht zu fertig dazu/ daß ſie über Halß ü-
ber Kopff ein groſſes Volumen dahin zu
ſchreiben eileten / ſo hätte man kürtzer Zeit
nöthig/ daran zu leſen/ und ſein Werck bey
der Nach-Welt bliebe deſto länger. Dieweil ſie ihnen aber ſelbſt zur Beſchreibung
wenige Zeit nehmen / und dem Leſer ihrer
Band durchzugehen/ deſto mehr Zeit über-
laſſen/ geſchieht es denn endlich/ daß derſelbe
aus Uberdruß ſich auch nur der flüchtigen
Augen und geſchwinden Umbſchlagens
braucht / die Marginalien nur und das Regi-
ſter durchgehet / bald wieder dahin wirfft/
und alſo der gantze Bettel ſo bald er zuſam-
men geraſpelt worden/ ſo bald auch wieder
zerſtiebe und zerfliege. Gewiß wer die Ge-
ſchicht mit Nutzen beſchreiben will/ muß die
allerbeſten Hiſtoricos von Anfang biß zu
End und mit gutem Wolbedacht geleſen
haben. Denn aus dieſem wird er (wie ein
Mahler aus dem beſten Kunſt-Stücken der
be-

berühmtesten Meister) ihm einen allgemeinen Concept machen/ wie er selbst in seinem vorhabenden Werck verfahren solle. Damit er aber desto schärffer sehen und bemercken könne in welchen Stücken einer für dem andern mit solchen Schrifften sich belobt gemacht/ und worinnen auch hie und da die besten Scribenten offt gefehlet/ wäre nützlich ehe er noch in die Bücher der berühmten Historicorum sich wagte/ daß er des Reineccii und Bodini Methodos, des Franc. Patricii, und Johannis Joviani Pontani Dialogos, des Francisci Balduini und Sebastiani Foxii Institutiones, des Joh. Antonii Viperani und Francisci Robortelli Commentarios, des Dionysii Halicarnassæi Judicium von der Historia Thucyd dis, des Degor. Wheari Relectiones, des Christoph. Milæi und Uberti Folietæ, imgleichen des Luciani, Antonii Riccobonii, Christophori Pezelii, Theod. Zwingeri, David Chytræi, des Joh. Bernatii, des Antonii Possevini, des Philippi Glaseri, Barthol. Keckermanni, des Pauli Benii, Sebast. auch Maccii Schrifften de legenda & scribenda Hist. des G. Joh. Vossii Artem Historicam des Routartii Oculum Historiæ mit gutem Verstande durchlesen hätte/ denn diese Autores haben von Be-
schrei-

schreibung der Geschichte grosse Erfahrung und Verstand gehabt; uñ was Nicod Frischlinus auch andere die wir zu neñen übergangen/ hievon ans Licht gebracht/ ist aus diesen allen entlehnt/ und darinnen in besserer Form enthalten. Es ist zwar an dem/ dz weil angezogene Scribenten meist vor dem Außgang des zurück gelegten/ und Anfang des gegenwärtigen Seculi an verschiedenen und meist entfernten Orten gedruckt/ nunmehr schwerlich zu haben und beysammen zu bringen seyn. Jedoch wenn ein Buchhändler die Kosten dran wagen wolte/ dieselbe in ein Volumen zusammen drucken zu lassen/ wird ich ihm aus meinem schlechten Vorrath mit denen besten Editionen derselben an die Hand gehen können. Daß wir nun aber wieder zu den Qualitäten eines Geschichtschreibers uns wenden/ so muß derselbe nicht allein der Wissenschafft/ sondern auch der Erfahrung nach/ ein durchgeübter Politicus seyn; er wolle gleich ein Universal- oder Particular-Werck ihm vornehmen/ wiewohl beyde ihre Gradus haben. Denn so er zum Exempel von der ersten Ankunfft der Teutschen anheben/ deren Zuwachs und Ausbreitung ihrer Macht erzehlen/ wie lange die Linie

nie Caroli des Grossen bestanden/ wie die Macht der Teutschen auff die Sachsen/ Schwaben und andre Nationen hin und her geworffen/ biß sie nun letzt in die zweyhundert Jahr in der Oesterreichischen Familie wegen des angräntzenden Türcken beharren müssen/ und glücklich fest gesetzet worden; so wird er überall finden/ wie die Politique ziemlich drunter gespielet/ und hat es weit eine unterschiedene Art wenn Jonston oder Cluverus; als wenn Boxhorn und zum Theil Bœclerus in Comment. de Reb. Seculi IX. & X. davon schreiben; wiewohl der Polihystor Jonstoni der geschickten Ordnung halber/ und daß er mehr ad particularia descendiret dem Cluver weit vorzuziehen; und ist das eben ein Merckzeichen der grossen Geschicklichkeit an diesen Buch/ daß von dem Käyser Sigismundo her sich niemand an dessen Continuation gemacht; denn wenn die des Autoris Intention und Werck gleich kommen solte/ müste ein erfahrner und sehr belesener Scribent dazu genommen werden/ der Arbeitsam und keiner Mühe schonte der Verleger müst auch fein fleissig Geld gebe; welches denen vielleicht die Ursach/ daß die Continuation der Chronologiæ Calvisii des Theatri

Chri-

Christiani Matthiæ und der Historiæ Francicæ des Bussiers so nüchtern heraus kommen. Solt es nicht geschehen/ muß des Lætii Compendium sampt der geschickten Continuation meines wehrtesten Gönners des Herrn Felleri diese Stelle vertreten. Boxhornius aber und Boeclerus, nichts minder in seinem Orbe Imperante Hornius haben in Verfassung der allgemeinen Geschichte sich als zimliche Politicos erwiesen/ darinn sie denn auch in andern dergl. Wercken ihre berühmte Proben gethan. So er aber die Geschichte eines gewissen Königreichs oder Landes oder Regenten in Schrifften verfassen soll/ da muß er nicht allein der allgemeinen politischen Regeln und Observationen, die so viele Scribenten bey verschiedenen Historicis gemacht/ wohl kündig seyn/ und klüglich erachten können/ wie eines und das andre sich in der ihm vorgegebenen Materie befinde / damit er bey Gelegenheit gleichsam mit einen verstohlenen Winck und sanften Finger eine Anzeig davon zu geben wisse: sondern er muß auch des gantzen Zustandes desselben Landes davon er schreibet/ derer Capitulationen, Pacten, Recessen uñ Verträge/ derer Schlüsse/ so mit denen Ständen

B in

in Lande gemacht/ derer Tractaten so mit denen Nachbahren vorgangen/ aller Verändrungen und gemachten Abtheilungen des Landes kündig seyn. Ein Muster hievon haben wir in der Historia Heinrici VII. so Verulamius heraus geben/ in des Philippi Cominæi Commentario de Gestis â Ludov. XI. & Carolo VIII. in des Bartholomæi Gramondi Historia ab excessu Heinrici IV. und in des Machiavelli Historia Florentina zu sehen. Aus diesen allen aber ist unschwer zu ermessen/ daß mans nicht auff jeden Privatum, Priester/ Notarium oder sonsten! gemeinen Bürger ankommen lassen solte/ von Städten und Ländern die Chronicken zu schreiben; dieweil zur Historie nicht gnug ist/ als in einem Tagbuch auffzuzeichnen/ was dann und wann passiret / es hänge zusamen/ oder reime sich mit einander/ wie es immer wolle/ es sey eine Sache von Wichtigkeit oder nicht/ und was dergleichen mehr dabey zu beobachten. Der Perser Geschichte würden ihren so genandten Magis und Weisen/ die nechst bey dem Könige waren; der Ægyptier ihren Priestern/ die aber die Estats-Sachen mit verwalten hülffen/ wie jenes beym Cicerone Lib. 1. de Divinat.

vinat. und dieses beym Diodoro Siculo lib. 2. cap. 3. zu lesen/ der Römer ingleichen dem höchsten Priester/ wie in gedachten Cicerone lib. 2. de Orat. befindlich/ zu beschreiben auffgetragen. Die tapffern Helden der Teutschen haben Anfangs unter ihnen gar keine Scribenten/ endlich da sie schon den Scepter ergriffen/ nur die Münche in Clöstern zu Geschichtschreibern gehabt/ die ihre Feder allemahl nach dem Interesse des Babsts gelencket/ unter welchen also die ruhmwürdigsten Thaten der Käyser und Fürsten vielmahl erliegen und sich beliegen lassen müssen; so daß man itzt zuthun findet aus andern Scribenten und Uhrkunden als einer düstern Ruin dieselbe ihrer eignen Beschaffenheit nach wieder hervorzusuchen. Ein Exempel solten hieran nehmen alle hohe Potentaten/ Könige und Fürsten/ sonderlich dieselben/ die durch ein tapfferes Schwerdt ihren Scepter hoch gebracht/ daß nachdem sie so viel auff ihre Kriege gewand/ das wenige noch hinzu thun möchten/ und etwa einen dero geheimbten Räthe zu derer Geschichtschreiber constituirten/ oder so niemand wegen anderer hohen Geschäffte Zeit dazu übrig hatte / eines andern geschickten Scri-

Scribenten Augen/ Hand und Feder dazu entlehnten/der die Sachen wie sie nach allen Umbständen vorgangen/so viel in denen Archiven und Cantzleyen oder sonst anderswo Nachricht zu befinden/ auffs genaueste perlustrirte/in gewisse Ordnung verfaßte/ das gantze Werck aber zu ändern und zu bessern dem geheimbten Raths-Collegio übergebe/ und nachgehends/ wenn es alle Censuren ausgestanden und in allen Stücken ausgeziert/ und wohl angerichtet/gleichsam autoritate publica von einem Regenten nach und nach biß zum andern ausgefertiget und ans Licht gegeben würden. Solcher Gestalt wurde nicht allein allem ungleichen Bericht/ den andre Scribenten ausser Landes offters von dergl. Dingen erstaten/ vorgebauet: sondern es hätte auch jedermann/ welcher sich solcher Wercke in den UniversalHistorien bediente/ durchgehends von allen Reichen und Ländern etwas gewisses/ darauff sie sich fussen und feste setzen könten: hingegen aber würde denen andern dieser Zeit vielfältig herümbvagirenden Schrifften alles Ansehen/Krafft und Glaub benommen/ der hohen Häupter theur erworbener NachRuhm ümb so viel mehr geschützet/ und biß

zu

zu der Ewigkeit feste gesetzt. Spanien hat solches in den vorigen Zeiten durch den Mariana: Franckreich durch den Paulum Æmilium und Robertum Gaguinum, auch Johannem Serranum, samt denen die wir nechst erzehlet; Dännemarck durch den Pontanum und Meursium: Schweden durch den Loccenium, beyde durch den Albertum Cranzium: Pohlen durch den Cromerum und Heidenstein/ auch Joach. Pastorium thun lassen. Aber in etlichen Reichen sind von solchen Scribenten noch viel Zeiten und Regenten zuruck gelassen worden/ die je länger es hinstehet/ je schwerer hernach auffzusuchen in in Ordnung zu bringen und auszuführen seyn.

CAP. II.
Von dem Unterschied der Sachen/ wie dieselben von dem Geschichtschreiber abzuhandeln.

Die Sachen selbst die dem Geschichtschreiber unterschiedlich zu entwerffen verkommen/ sind entweder entfernt der Zeit und Orten nach: oder so sie in unsern Landen und zu unsern Zeiten sich begeben/ von mehrer oder geringerer Wichtigkeit;

B 3

keit; wenn die Historici zu Critifiren anfangen/ oder in den Antiquitäten sich zu weit versteigen wollen/ komt vor allen Dingen abgeschmackt heraus. Zum Exempel/ so man bey dem Ursprung der Römischen Geschichte einen weitläufftigen Disputat anstellen wolte: Ob Romulus und Remus auff des Amulii Befehl in das Wasser geworffen/von dem Königlichen Hirten Faustulo aber wären aufferzogen worden? wie insgemein die Scribenten erzehlen; oder oban ihrer statt andere Kinder zum Amulio gebracht/nach dessen Willen wahrhafftig ersäuffet/die beyden Zwillinge aber von dem Groß-Vater(ihrer Mutter nach) dem Numitore, dem Hirten Faustulo wären auffzuerziehen gegeben worden? wie Dionysius Halicarnassæus behauptet. Desgleichen/ob der Remulus in der Schlacht umbkommen: oder dieweil er über den ersten Wall der Stadt Rom hönisch gewesen/von dem Romulo wäre zu enthaupten befehligt worden? Gewiß wer solchen Fragen nachhängen will/muß seiner Nativität sehr wohl versichert seyn/und daß er so lang als Methusalem leben werde/daraus geschlossen haben. Man findet aber heutiges Tages diesen
Brauch

Brauch sonderlich in Schulen bey denen die des Ovidii Metamorph. oder den Virgilium erklären/ und dabey sonst auch der Jugend die Geschichte beybringen sollen/ daß sie/wie die abergläubischen alten Weiber/ an diesen Fabuln hängen/ und vermeinen/ der Discipulus werde nimmermehr zur wahren Erudition gelangen/er wisse denn des Æneæ gantze Geschlechts-Taffel/und haarklein die Jahre zu benennen/ da Nimrod, Ninus, Semiramis, Sardanapalus, Cecrops und andre alte Kerl ins Regiment getreten/wie viel Tage Carthago gebrand/ und vieleicht ob das Feur auff den Montag oder Dienstag zuerst angegangen? Andern Theils die Sachen betreffend die in weitentlegenen Ländern/ und dahin selten jemand kömt/sollen befindlich oder vorgegangen seyn; ist in Erzehlung derselben gar behutsam zu verfahren/ daß man dieselben zwar nicht allerdings läugne oder in Zweiffel ziehe: jedoch aber ihnen auch nicht zu sicher Glauben zustelle; Man pflegt sonst zu sagen/ daß dreyerley Leut die besten Privilegia zu liegen hätten/erstlich die Alten und die sonst im Ansehen/ denn Ehrbarkeit halben muß man denen offters etwas zu Gefallen glauben; So denn auch

B 4 die

die Ordens-Leute und Authentique Schreiber; weil man von jenen die stets mit GOTTES Wort umbgehen nicht vermuthet/ daß wenn sie gleich dann und wann von dem nechsten etwas zu milde berichten/ oder ihren Affecten zu viel Platz lassen/ mit Willen oder Vorsatz solches thun werden: diese aber offters meinen/ daß sie nunmehr wieder die Lügen von denen Comitibus Palatinis einen eysernen Brieff und solch Privilegium wie der Babst zu Rom erhalten/ daß wenn sie gleich gerne wolten/ dennoch nicht irren oder liegen könten. Drittens die Gereisete so aus sehr weit entfernten Landen kommen/ welche am sichersten unter allen von Kleinigkeiten was grosses/ und von sonderbahren Dingen so fort was wunderbahres machen können; wie denn der Lucianus nachdem er lib. 1. viel ungereimtes Dinges die in frembden Orten sollen zusehen seyn/ oder sich zugetragen haben/ erzehlet/ so schließt er endlich: Tu si non credis, illuc rem exploratum abi. D. i. Wiltu es nicht glauben/ so gehe selber darnach; welchem aber der andre endlich antwortet. Credam tibi potius, quàm ut eo abeam. D. i. Ich will dir viel lieber glauben/ als daß ich eine

so wei-

so weite Reise auff mich nehmen wolte. Mit den Itinerariis von fernen Orten wird auch offters betrieglich umbgangen/ wie mir denn selber zweene Exempel vorkommen/ die ich darum erzehle/ auff daß man desto besser erwege/ welchen Reisebüchern in solchen Fällen zu trauen; Sintemahl nicht alsobald zu schliessen; dieser und jener erzehlet/ daß er diese Sache daselbst bemercket; derohalben verhält sich dieselbe gewiß also/ und ist kein ferneres Bedencken darob zu machen. Denn es schreibets sehr offt einer gar kühnlich aus dem andern. Das Diarium welches Herr Neidschitz von seiner Reise in Asien gemacht/ war gar klein und in sehr wenig Bogen verfasset: Aber der Herr M. Jäger nachdem er zu St. Afra in Meissen viel andre Itineraria dabey zu Rath gezogen/ hat ein groß weitläufftiges/ und damit es ja alle Welt sehen können/ wie damit umbgangen worden/ in der andern Edition noch ein viel weitläufftigers Itinerarium daraus gemacht; in welchen aber nicht so wohl der Seel. Herr Neidschitz/ sond. die andern/ aus welchen die Sachen gepflucket/ die Sache erzehlen. Der ber. D. Martin. Chemnitius ist ungedultig über die Papisten/ daß dieselbe zu den wahren Wunderwercken und Heiligthümern so viele o-
genes

genes zu geflicket / daß man das Ware von Falschen nicht unterscheiden kan: Wie solte man gleichermaffen nicht ungedultig seyn/ wenn man in Geographicis und Historicis zudem was der wahre Autor mag observiret haben/ dergleichen geschmier aus andern herbey setzet / daß man nicht unterscheiden kan / welches des berühmten Reisenden/ welches derr andern observata seyn? und wer weiß denn endlich ferner/ wie es auch wiederum mit denen Itinerariis zugegangen / daraus diese letzten zusammen geraspelt (mag nicht sagen gestohlen) seynd. Jedoch wenn es noch bey diesem bliebe/ und der Ausputzer solcher Schrifften am Rande zu setzen belieben wolte/ aus welchem er solch Flickwerck genommen; Aber weil ich zu dieser Materie gebracht werde/ so muß ich dem Leser noch ein andres zu seiner Nachricht entdecken. Vor etwa zehn Jahren kam heraus des Frantz Ferdinand von Troilo seine Reise-Beschreibung ins gelobte Land / ist auch von etlichen die nicht besser umb die Sache gewust/ in einigem Werth gehalten worden: Nun war dieser so genandter Troilo, da er zu Dreßden/ weiß nicht von wannen ankam/ un bey einigen sich für eine

Edel-

Edelman ausgab hiebevor der Bābstlichen Religion zu getahn/ und etwa in Böhmen in einem Closter gewesen/ woselbst er von des Electi Zwinners Bluhmen-Buch Palæstinæ möchte gehöret haben (denn derselbe Autor, war hiebevor etliche Jahr Guardian des des Franciscaner Closters zu Jerusalem gewesen nachmahls aber wieder nach Pilsen in Böhmen kommen/ wiewohl er endlich vor wenigen Jahren zu Bethlehem gestorben) Als man in Dreßden seinem Adelichen Geschlecht etwas ferner nachzudencken gedachte/ war diß die letzte Retirade, daß er zum Ritter des Heil. Grabes gemacht worden; Man fragte/ zu welcher Zeit? und von welchem Guardian? jenes wust er ohngefehr bald zu nennen aber auff dieses nahmen sich nicht zu besinnen/ biß ihm endlich der Zwinner einfiel/ auff welchen er sich bezogen; aber von ihm kein gebräuchliches Gezeugniß des erlangten Ritterordens vor zu weisen/ dabey auch vorher ein solch Jahr genennet hatte/ zu welcher Zeit Zwinnerus nach abgelegter Reise schon wieder nach Rom und von dannen nach Pilsen in Böhmen ankommen war. Weil er aber von seinem Ritterguth wenig mit gebracht/ und seinen

Unter-

Unterhalt hie und da bey etlichen (die von ihm eingenommen waren) zu suchen genöthigt ward/ biß man ihn endlich unter des Herrn Obrist Kupfers Regiment zu Wittenberg unterbrachte/ da solte nun das Reise-Buch hervorgegeben werden. Ich halte noch verwahrlich dasselbe schreiben/ welches er dazumahl an mich abgehen lassen/ und darinnen mich ersuchet: daß weil ihm in Böhmen von dē München/ die da gemerket/ dz er sich zu den Protestirenden wenden würde/ das Diarium seiner reise wäre abgenommen worden/ er aber wüste/ daß ich zu einen gewisse Werk unterschiedliche zur Hand hätte; ich ihm doch dergleichen eine Parthey sonderlich des Zwinneri zukommen lassen möchte/ damit er aus denselben ein neues Diarium auffsetzen könte; zugleich auch bey dem damahl noch lebenden geheimten Secretario Ant. Wecken so viel Papier ausbitten wolte/ worauff ers Concipiren könte. Das Papier hat er zwar bekommen/ aber mit dem andern trug ich bedencken ihm an die Hand zugehen/ damit die Welt durch solche Teuscherey nicht betrogen werden möchte; Er fand aber einen andern Nahmens Valentin Mörbiz welcher zu Dreßden ein solch Werck/ wie es nun am Tag lieget/ zusammē

klau=

Klauben und einrichten müssen. Und solcher maſſen kan man in Sachen die an entferten Orthen ſollen Obſervirt worden ſeyn betrogen werden; wie denn/ wenn es nöthig/ was für Irthümer in ſelbigen Itinerario noch ſonſt begangen worden/ vielleicht zur andern Zeit möchte umbſtändiger ausgeführet werden. Unter denen Dingen aber die dem Hiſtorico zu beſchreiben vorkommen ſind einige von geringer/ andere aber von mehrer Wichtigkeit; unter jene mögen gezehlet werden/ die Reiſen und Ergötzlichkeiten höher Potentaten/ die Eroberung geringer Plätze und zumahl die bald wieder verlohren gangen/ die Accords-Puncte wegen Munition Pulver und Stücke/ die Einzüge und Abzüge derr Guarniſonen und was ſonſt dergleichen Dinges mehr iſt. Nachdem aber die Hiſtoria ihr dieſen Zweck vorſtellet/ daß ſie gedenckens würdige Dinge der Nach-Welt vorbehalten will ſo verfehlen dieſelben hierin gar ſehr/ die mit dergleichen Dingen ihre Hiſtoriſche Wercke anfüllen/ daß ſie darüber von keinen gekaufft werden/ als welche Eſtat von groſſen Büchern machen: von denen aber die mit wichtigen Geſchäfften beladen/ und die Beſchreibungen ſol-

solcher Geschichte am Meisten durchgehen sollen nicht können gelesen werden. Uber solchen Fehler bey denen alten Geschichts-schreibern haben bereits klage geführt Plinius Lib. Epist. 2. und Atticus beym Cicerone Lib. 1. de Legib. desgleichen Cicero selbsten Lib. 2. de Orator. Also hält es Julius Capitolinus dem Cordo vor übel/ daß er von denen nicht so berühmten Kaysern die allerkleineste Sachen so weitläufftig ausgeführet/ und dagegen die wichtigen Sachen anderer Regenten bey nahe gar mit Stilleschweigen übergangen. Eben dasselbe desideriret auch Lampridius in vita Commodi an dem Valerio Maximo, quod minutiarum imprudens sectator sit wie er redet/ oder daß er geringe Sachen dermassen fleissig auffzusuchen sich bemühe. Zwar ist nicht ohne/ daß auch Livius und Polybius desgleichen Plutarchus und Suetonius einige Privat Begebenheiten denen Publiqu Sachen in ihren beschreibungen mit Untermängen; aber das geschiehet mit einer weit grössern Prudenz, und sind dieselben Privat Handlungen ins gemein also bewand/ daß sie unterschiedlichen Publiqu-Geschäfften/ Anlaß Ursach und Maaß gegeben/ und dem Leser

also

also dieselben desto klärer vergestellet haben. Die aber die Leben gewisser Potentaten und Helden zu beschreiben ihnen vorgenommen/ haben insonderheit dafür sich zu hüthen/ daß indem sie wollen für Geschichtschreiber angesehen seyn/ daß sie stat der Historie keine Orationes in Genere Demonstrativo verfertigen/ daß sie nehmlich meinen wolten/ sie könten die Gnnst nicht verliehren/ sie möchten das grosse Messer brauchen wie sie woltē. Zum Exempel wer könte glauben/ was Lib. 6. cap. 7. Justinus schreibet/ daß da die Thebaner unter dem Commando des Epaminondæ vor Lacædamon kommen/ daß hundert alte abgelebte wider funffzehntausend der Thebaner in dem Eingang der Thore ihrer Stad sich gesetzet/ und dieselbe zurück gehalten. Dergleichen unterschiedliche Dinge finden sich auch beym Cornelio Nepote zumahl in dem Leben des Attici und bey andern so wohl alten als neuen Scribenten/ wie denn Jovius, Petrarcha, Bocatius, Folietta nebst andern desfals von etlichen angestochen werden/ so das wie beym Bodino in Method. Hist. zulesen/ der Gorreus zu Pariß von seinen Amadis-Geschichten zu sagē pflegen/ daß dieselben wohl so wahr als des Jo-

vii Schrifften seyn möchten. Die wichtigsten Sachen in denn Geschichten/ sind ins
gemein die Kriege / so gar daß Isaacus Casau-
borius zu sagen pflegen: Tolle in Historiis bella,& quid supererit. Wenn von den Kriegen
in denen Geschichts-Beschreibungen nicht
gehandelt werden solte/ was würde den fast
für Materie überbleiben? In dieser Materie
muß sich der Historicus in seinem Cabinet
als einen versuchten Soldaten erweisen/den
Vegetium, Frontinum, Onosandrum, Reus-
nerum, Lentulum, Starovolscium, del-Villa
und andere so de Stratagematis & Prudentia
Militari geschrieben / wohl gelesen haben/
damit er seine erzehlung also einrichten kön-
ne/ daß der Leser zu bemercken / habe/ wie
hie und da in Kriegen/ Schlachten und Eroberung der Plätze sey ve fehlet worden. Es
schreibet zwar Ludovicus Vives Lib. 5. de
Tradend. Disciplin. pag. 507. Bella in historiis non tam accurate persequenda, cum tantum instruant animos ad nocendum, & vias
ostendant, quibus nos invicem lædere possi-
mus. Aber auff diese Weise müste man
auch aus Heil. Schrifft die Stratagemata so
zu Zeiten das Volck Jsrael wider ihre
Feinde gebraucht hinweg thun; wir wollen
uns

uns damit nicht auffhalten / und ist diese
Sache nachgehends wider die Mennonisten
schon ausgemacht. Die Kriege werden
durch gemachte Bündnisse verstärcket/ und
durch Verträge des Friedens wieder auffgehoben. Nun meinet zwar Keckermann
in lib. de Nat. hist. cap. 3. p. 41. daß Caspar
Schütz in seiner Preußischen Chronic unrecht gethan/ daß er selbige mit hinein gerü-
cket/ und wäre besser daß dieselbe in der Fürsten und Herrn Archiven beliegen blieben.
Aber an solchen Sachen hanget nicht selten
das Fundament des gantzen Handels/ und
haben Carolus Caraffa seiner Germaniæ re-
stauratæ, desgleichen Brachelius Thuldenus
und Breuerus dieselben ihren Historischen
Schrifften beyfügen zu lassen/ kein Bedencken getragen. Zwar ist nicht ohne / daß
die an einander haugende Rede durch dergleichen öffters weitläufftig abgefassete Sachen sehr interrumpiret/ und des Lesers Ge-
dancken gäntzlich dadurch distrahiret und
verdrüßig gemachet werden; Aber es können eines Theils dieselben entweder à part,
(wie in besagten Scribenten und im Diario
Europæo befindlich) angehanget: oder so sie
ja in den Context der Rede gebracht werden
sol-

solten/auffs kürtzeste/ jedoch mit den Formalen-Worten solcher Instrumentorum extrahiret/und also denen Geschichtsbeschreibungen einverleibet werden/gleich wie in der diß Jahr herausgegebenen Continuatione Chronologiæ Boxhornii dann und wann zu sehen.

CAP. III.

Von Art und Eigenschafft der Schrifft/ worin die Historien vorzustellen seyn.

Hannit wir aber zum dritten die Art und Weise beschreiben/ wie sich Historische Schrifften einzurichten gebühre/so wird vor allen andern erfodert/daß dieselbe auffs glaubwürdigste abgefasset seyn/so viel möglich und als es dennoch auffs kürtzeste immer geschehen kan / nach allen Umbständen/und in solcher Ordnung erzehlet werden / nicht allein wie eines nach dem andern: sondern auch wie eines aus dem andern erfolget sey/ denn wie sonst in natürlichen Dingen die Ursachen ein Licht der Erkändniß unserm Verstande geben/warumb diß oder jenes mit dergleichen Eigenschafften

ten behafftet sey? so geben auch eben dieselben Ursachen in denen Geschichten der Urtheilungs-Krafft unsers Verstandes ein grosses Licht/warumb dieses oder jenes also erfolget sey? Dieses hat Cicero gar wohl beobachtet/wenn er schreibet: Rerum ratio ordinem temporum desiderat, regionum descriptionem; vult etiam quoniam in rebus magnis memoriaq́; dignis consilia primum, deinde acta, postea eventus expectantur, & de consiliis significari quid scriptor probet & in rebus gestis declarari non solum quid actum aut dictum sit; sed etiam quomodo, & cum de eventu dicatur, ut causæ explicentur omnes vel casus, vel sapientiæ vel temeritatis, hominumq́; ipsorum non solùm res gestæ, sed etiam qui fama & nomine excellant, de cujusq́; vita atq́; natura. Gleichwie aber in dem so wohl menschlichen Leibe als allen andern Cörpern die aus Stücken von unterschiedner Natur bestehen/die Haupt-Theile/zum Exempel der Kopff/die Brust/uns mehr ins Gesicht erscheinen/und an ihnen selbst auch grössern Platz einnehmen als die kleinen Adern oder Knöchel und was dergleichen; also gebühret sich auch in der Beschreibung der Geschichte./ daß dieselben Begebenheiten/

C 2   wel-

welche Haupt-Verwandelungen mit sich bracht/ und der Sachen den grössesten Ausschlag gegeben am besten ausgeführet/ andere dagegen von geringer Importanz mit kurtzen berühret/ theils auch die wenig zur Sachen gehören/ wohl gar übergangen werden. Dieses hat insonderheit in seinen Büchern Polybius und unter heutigen Scribenten Boxhornius in seiner Historia universali observiret; und gleich wie die Philosophi zu sagen pflegen/ quod singularium non sit scientia, quia numerus illorum non est definitus. Also könt man auch fast sagen/ quod rerum minutissimarum in historia nulla sit observatio, denn solcher geringen Sachen sind an der Zahl so viel/ daß sie in keiner grossen Bibliothec könten verfasset/ geschweige in dem Gedächtniß des Menschen nach den besondern Umbständen der Persohnen/ der Nahmen/ des Orts könten behalten werden. Gleich wie auch vornehmlich in denen Geschichten darauff zu sehen / daß nichts verlogenes eingemänget werde / so gebühret sich auch insonderheit/ daß man in deren Erzehlung gantz keine Affecten vermercke/ weniger daß man sein eigenes Urtheil dabey setzen wolle/ sondern die Sache selbst dahin pro-

propendiren lasse/wohin sie sich neiget. Dieses wünschet Cic. lib. 2. de Orat. an einem Historico nehml. Ne quid falsi scribere audeat, ne quam in scribendo suspicionem gratiæ, ne quam simultatis ostendat. Dieses hat in seinen Schrifften insonderheit erwiesen der Thucydides, denn ob schon derselbe aus Athen und ins Elend vertrieben worden/ so ist doch solches/ wenn es Marcellus nicht in seinem Leben erzehlte/ in seinen Schrifften so gar nicht zu befinden/ daß er auch nicht einmahl des Brasidæ der ihm das Unglück über den Hals führete/ geschweige des Periclis der sein hefftigster Feind war/ zur Ungebühr darinnen gedencket; sondern vielmehr lib. 2. den letzten wieder einige Verläumbdungen schützet/ und wegen seiner sonderbahren Klugheit lobet. So war auch Livius mit dem Augusto nahe verwand/ dennoch da er den Krieg des Cæsaris mit dem Pompejo beschreibet/ so verhält er sich dermassen unpartheyisch/ daß auch Tacitus lib. 4. Annal. von ihm geschrieben: Livius eloquentiæ & fidei præclarus imprimis Cn. Pompejum tantis laudibus tulit, ut Pompejanum eum Augustus appellarit. Hingegen aber der Machiavellus in seiner Historia Florentina wenn er auff den

den, Castrucium komt / der selbiger Stadt Feind gewesen/ so sucht er alle Künste herbey/ dessen Leben auffs heßlichste zu beschreiben. In diesem Puuct erweisen ihr Meisterstück die Jesuiten / wenn sie auff die Historien kommen/ darinnen der protestirenden Fürsten gedacht wird/ und bey diesen Zeiten folgen ihnen sehr viel Scribenten, sonderlich nachdem sie in eines Herren Lande wohnen/ und desselben Schutzes oder Gutthaten genossen; ja wenn gleich Dinge weltkündig und offenbahr/ so ist doch/ wenn sie neu/ gefährlich bey diesen Zeiten davon zu schreiben/ und kan offtmahl der Scribent in das grösseste Unglück gerathen/ wenn er erzehlet/ was manchem Grossen hie und da nicht anstehet. Schließlich damit wir auch von der Schreibart/ welche sich in Historien am besten schicket/ etwas zu gedencken; will derselben keines weges anstehen/ daß sie mit einer Oratorischen Schmincke angefärbet/ sondern zwar zierlich jedoch klar kurtz und deutlich/ oder in Summa / zugleich der Warheit die sie vorträgt/ ihre Eigenschafften mit vorstelle; denn nicht mag dieselbe mehr verdächtig machen / als wenn man mit Worten die Sache auszuschmücken suchet/

chet. Und so ist guten Theils an nicht wenig Orten beschaffen die Historia belli Sacri & Regum Hierosolymitanorum des Wilhelmi Tyrii, desgleichen auch dann und wann des Martini Crusii Historia Suevica wie Kekkermannus davon urtheilet loc. cit. pag. 43. Hieher sind auch zu ziehen die weitläufftigen Historischen Schrifften von dem zehnden und zwölfften Seculo her / sonderlich die von denen München im Closter gemacht worden/ wovon wir im nachfolgenden mit mehren handeln werden.

Cap. IV.
Von besserer Einrichtung der alten Teutschen Historischen Schrifften.

Wie ein weitläufftiges aber dabey sehr unordentliches Wesen es mit der Teutschen Historie sey/ kan niemand besser erkennen / als welcher dergleichen Schrifften vielmahl unter Handen gehabt / und dieselbe offtmahl durchsuchen müssen. Die Ursach dessen allein ist/ daß wenig in solchen Sachen erfahrne Männer dazu

dazu gebrauchet worden/ sondern allein die Münche sich dann und wann dessen unternommen / so viel möglich aber alles zum Vortheil des Pabsts und Autorität der Clerisey geschrieben. Die deutsche Sprach war der Zeit dermassen schlecht excolirt, daß wenn man Sachen darinnen beschrieben itzt solte zu lesen haben/ dieselben Schrifften so wenig als von einem der von Geburth ein Hochteutscher die in Niedersasischer Sprach geschriebenen Bücher verstanden werden möchten. Das Latein war auch schon zimlich herab kommen/ und gerieth es damit je länger je mehr auff die Neige; und weil die Teutschen Käyser je mehr und mehr in Strittigkeitē mit dem Pabst verfielen/ auch durch die Bischöffe die Fürsten des Reichs an einander gehetzet wurden / damit diese geistlichen Fischer im trüben destomehr an autorität und Reichthum erschnappen und fangē konten: so ward in Teutschland umb so viel weniger an die dem gemeinen Wesen nöthige Disciplinen gedacht/ so gar daß ein wichtiges Werck von einem Gelehrten war / welcher einen Brieff nach der Form selbiger Zeiten stellen/ einen Vertrag oder andres Werk hie und da auffsetzen konte. So bald aber

zu

zu Reuchlini Erasmi und Lutheri Zeiten der Nebel der vielen Unwissenheit sich wieder zu verliehren/ und die Künste wieder etwas empor zu kommen begunten/ zerfielen je länger je mehr die der Augspurgischē Confession verwandte mit denen Römisch-Catholischen; ward also jenen/ weil nicht viel über hundert Jahr die Druckerey auffkommen/ und noch wenig von der gleichen Schrifften ans Licht gebracht worden war/ der Zugang zu denn Clöstern ümb ein grosses Theil benommen/ und was von den Päbstlern nach der Zeit herausgegeben/ ist leicht zu dencken wie es castriret und verfälschet worden sey. Hiezu kam endlich der unschätzbahre Verlust der herlichen Bibliothec zu Heydelberg/ worinnen vieles zur Nachricht von dem Recht der weltlichen Regenten enthalten; und haben wir noch der Providenz des Höchsten zu dancken/ daß ehe dieselbe Bibliothec dem Pabst zum Raube worden/ der Marquardus Freherus und Melchior Goldast in ihren Volominibus de Rebus Germanicis noch unterschiedliches vorher in Druck gegeben. Es ist zwar nicht ohne/ daß wenn man die Volumina in gesamt/ welche von Teutschen Geschichten theils besonders/ theils

theils bey andern von dem Frehero Pistorio, Urstistisio, Lindenbrogio, Beuthero, Schardio und Meibomio, auch Canisio in unterschiedenen Voluminibus herausgegeben worden/ daß es ein gutes Folianten-Fach in einem repositorio librorum ausfüllen könte: Aber wenn man das Uunütze davon absondern solte/ alles mit einander nicht viel mehr als einen guthen Folianten abgeben dürffte/ welcher allen Historicis viel nützlicher als eine so ungeheuere durch ein ander gemängte Weitläufftigkeit seyn würde/ die man jtzt mit vielem unnöthigen Zeitvertreib durchlesen/ und mit Verdruß viel Alphabeth in einem Bande sehen muß/ die nicht das geringste drinnen werth sind. Was nützet es zu wissen was dieser oder jener Bischoff mit seinen untergebenen Ordens-Brüdern/ oder sonst mit denn Closter-Güthern vorgenommen? hie oder da Meß gelesen? item wenn hie und da ein verlogenes Wunder den Bäbstlichen Aberglauben zu stärcken so weitläufftig erzehlet wird/ als wenn es grosse Reichs-Sachen wären. Wenn dieses alles vorbey gegangen wird/ so dürffte vielmahl kaum die Helfft von solchem Scribenten übrig bleiben. Zum andern würde hiebey auch

auch) noch dieser nützliche Vortheil zu gebrauchen seyn/ wenn man die Scribenten über ein und ander Geschicht/Krieg/ ein und des andern Regentem Leben gegen ein ander hielte / denselben der es gar kurtz als in einer Chronologischen Taffel gesetzt / vorbey ginge; dagegen des andern Worte behielte / der denen Zeiten und Orten näher gelebet/ und die Sache ausführlicher und mit mehrern Umbständen erzehlet hätte; Es wäre denn/daß einer von dem andern entweder in Benühmung der Zeit / da solches vorgangen/oder in etlichen Umbständen abginge; welche differenz man mit kürtzen in margine oder wenn ein Satz zu Ende anführen könte; solches institutum hat der Dionysius Gothofredus in seiner Lateinischen Historia Universali deren Text aus Worten allerley glaubwürdigen Scribenten bestehet/(wiewohl nachdem er kein groß Werck zu schreiben ihm vorgenommen/) dergleichen aus denen kürtzsten Scribenten vorzutragen/ ihm vorgesetzt gehabt. Endlich würde auch einem jeden Geschichtschreiber wegen des Glaubens / den man in Ansehen seiner eignen Persohn ihm beyzumessen hätte/ mehr fast nicht als von der Zeit da er gelebet/

ein

ein Seculum oder auffs höchste zweene zuzurechnen; und was er von den Zeiten weiter zurück beybringet/wenig autorität mehr haben: sondern dieselbe Geschicht durch andere/so denenselben Zeiten näher kommen/bestärcket werden müssen/ und dieselben älteren Scribenten vielmehr an stat solcher neuen anzuziehen seyn; da denn abermahl von solchen Chroniquen, sonderlich die von Anfang der Welt ihre Erzehlung anheben/ ein groß Theil abgehen würde; Damit man aber solches desto besser und gleichsam als in einer Taffel sehen und erkennen möge/ wollen wir von den Zeiten Caroli M. an/ dieselben Scribenten von einem Seculo biß zum andern und also endlich biß an das gegenwärtige setzen; damit man also gleich erkennen möge/ wie weit hin denen Scribenten in der alten Teutschen Historie Glauben könne beygemessen werden?

Ann. DCCC.

NITHARDI Chronicon beym Pithæo befindlich/ gehet allein biß auff das Jahr 843.

ADELMI samt auch etlicher anderer Annales Francici so insgemein von A. 741. anfangen/ gehen biß A. 883.

RHEGINONIS Abbatis Prumiensis Chronicon

nicon gehet an von der Geburth Christi/ und langet biß 967 da denn die erften Secula abgehen. Zu finden in den Voluminibus Piftorii.

FRODOARDI Rhemenfis Chronicon gehet allein von A. 919. biß 970.

ADONIS Viennenfis Chronicon aber gehet an von Erfchaffung der Welt/ und langet biß 958. da denn die gantze Gefchicht des Alten Teftaments famt den fechs erften Seculis von Chrifto abgehen.

A. DCCCC. und M. nebft eines theils der obigen.

LUITPRANDUS Subdiac. Tolet. hat darum vor andern Glauben/ weil er denen Gefchichten zu feiner Zeit mehrentheils mit beygewohnet/ des Berengarii II. in Italien Secretarius gewefen / hernach zum Ottone dem I. kommen; Gehet an von A. 891. und langet biß A. 963.

WITIKINDUS hat vornehmlich die Gefchicht Heinrici Aucupis und Ottonis primi befchrieben/ langet biß 974.

(1) GLABER RUDOLPHUS gehet in feinen Franckifchen Gefchichten allein von A. 1000. biß 1044.

(2) HERMANNUS Contractus von Erfchaf-

schaffnng der Welt biß A. 1065. die volkom̃neste Edition ist zu finden in den Lectionibus Antiquis Canisii; Ihm gehet aber gleich wie den Chronico Adonis ein grosses Theil als nehmlich von Anno Mundi biß Ann. Christi 800. abe.

(3) LAMBERTUS Schaffnaburgensis hebt sich auch an von Erschaffung der Welt/ und langet biß 1077. bleibt also ebener massen das wenigste Theil davon übrig.

(4) MARIANUS Scotus hebt gleicher Gestalt seine Erzehlung an von Anfang der Welt/und langet biß 1080. daß also derselben gleicher Gestalt das meiste Theil abgehet.

(5) SIGEBERTUS Gemblacensis hebt an A. C. 300. und langet biß 1112. wurd also nur 6. Secula verlieren können / ist begriffen in den Voluminibus Pistorii.

(6) DIETMARUS hat in seiner Particulieren und Merseburgischen Chronica viel nützliches/selbige hebt allein an von A. 892. und langet biß 1015.

(7) OTTO aus der Oesterreichischen Familie Bischoff zu Friesingen/hat zwar acht Historische Bücher geschrieben; Aber dieweil er anhebt von Erschaffung der Welt/ und das letzte allein de Anti-Christo handelt/

delt/gehet ein groß Theil/von dem was seinenthalben glaubwürdig/ aber er erreichet aber in seinen Geschichten das 1152ste Jahr.

(8) GOTHOFRIDUS Viterbiensis nennet seine Historiam Pantheon und langet dieselbe biß 1146. ist zu finden in den Voluminibus Pistorii.

A. M. und M. C. nebst eines theils der obigen.

DODOCHINUS Abbas in der Continuation des Mariani Scoti, langet biß auff A. 1200. ist zu finden beym Pistorio.

ROBERTUS de Monte in der Continuation des Sigeberti langet biß A. 1210.

OTTO de S. Blasio in der Continuation des Ottonis Frisingensis langet eben so weit.

CONRADI Lichtenau Abbatis Urspergiensis Annales die beym Frehero verhanden/ heben sich an von A. C. 1162. und langen biß 1237.

VINCENTII Bellovacensis Seculum Historicum hebet sich an von Erschaffung der Welt/und langet biß A. C. 1250. daß man also all das voderste biß A.C. 1000. davon entrathen kan.

ALBERTI Abbatis Stadensis Chron. gehet biß A. C. 1256. und ist vielmahl à part zu haben. HEIN-

HEINRICI Steronis Monachi Annales die in de Lectionibus Antiquis Canisii befindlich/ heben sich an von A. C. 1152. und gehen biß A. 1272.

WEINGARTENSIS Monachi Chronicon so auch im Canisio verhanden/fänget sich an à Christo nato und langet biß 1197. kan also wohl neun Secula entrathen.

Unter die Particulier-Schrifften die in diese Zeiten fallen/ können gezehlet werden.

HELMOLDI Chronicon Sclavorum worinnen die Bekehrung der Henetorum nach dem Belt zu von Zeiten Caroli des Grossen biß auff Fridericum Barbarossam enthalten/ und nechst besonders gedruckt / langet biß auff das Jahr 1168.

CONRADI Episcopi Chronicon Moguntinum hebt sich an von A. C. 1140. und gehet biß A. C. 1250.

CHRONICON Landgraviorum Thuringiæ gehet biß A. 1253.

Ann. MC. und MCC. nebst eines theils der obigen.

SS. ULDARICI & Afræ cap. Augustani Chronicon in dem Frehero befindlich / hebt sich an von A. 1152. und gehet biß A. C. 1265.

MAR-

MARTINI Poloni Chronicon gehet biß A. C. 1278.

SIFFRIDI Presbyteri Misnensis Chronicon hebt sich an von A. C. 448. und gehet biß A. 1367. kan also wohl sechs Secula entrathen/ ist in den Voluminibus Pistorii befindlich.

HEINRICI Rebdorffii Chronicon welches in dem Freheto befindlich/ hebt sich an von A. C. 1289. und gehet biß A. C. 1372.

CONTINUATOR des Abbatis Urspergensis, gehet biß A. C. 1300.

EBERHARDI Altahensis Annales die beym Canisio zu finden/ heben sich an von A. 1273. und gehen biß 1305.

Unter den Particulir-Schrifften kan hiebey gebraucht werden

JACOBI Meyeri Chronicon de Rebus Flandriæ welches langet biß A. C. 1285.

Ann. MCC. und MCCC. nebst eines theils der obigen.

CONTINUATOR Martini Poloni langet biß A. C. 1320.

CONTINUATOR Lamberti Schaffnaburgensis langet biß A. C. 1352.

M. ALBERTI Argentinensis Annales die ziemlich vollständig seyn/ heben sich an von Anno

Anno 1270. und langen biß A. C. 1378. befindlich bey dem Urstisio.

GOBELINI so genandtes Cosmodromium oder Historia gehet biß A. C. 1418. hebt sich aber an von Erschaffung der Welt/ verlieret also einen grossen Theil der nichts nütze/ und reichet biß A. C. 1460.

PALMERII Continuatio Chronici Eusebii gehet biß A. 1482. kan also eine gute Zahl der vorigen Seculorum entrathen.

WERNERUS Rolfinccius fänget in seinem Fasciculo temporum auch an von Erschaffung der Welt/ und bringt es biß A. C. 1484. gehet ihm also auch ein zimliches Theil abe/ ist zu finden in Frehero.

DONATI Bossii Historia langet biß A. C. 1489. und gehet biß auff zweene Secula das gantze Theil abe/ so sich von Erschaffung der Wele anhebet.

JACOBI Philippi Bergomensit Chronicon hebt sich ebener massen an von Erschaffung der Welt/ und reichet biß A. C. 1490. verliehret demnach auch ein grosses Theil.

JACOBI Wimpfelingi Chronicon Rer. Germanic. hebt sich gleicher gestalt von den ersten Zeiten an/ und reichet biß A. C. 1490/ sind also auffs höchste die zwene letzten Secula

des

des Autoris halber glaubwürdig. Das Epitome seiner Sachen ist beym Frehero befindlich.

Unter den Particulir-Schrifften können hiebey nachgesehen werden.

PLATINA de Vitis Pontificum welcher kurtz nach Christi Geburth anhebt/ und reichet biß A. C. 1472.

AVENTINUS in Annalibus Bojorum der zwar von den Geschichten der Teutſ. Käyſer und etlichen Fürsten sehr fleißig geschrieben: aber die drey ersten Bücher/da er seine Geschicht von der Sündfluth an/anhebt/ mögen an ihnen selbst wenig Glauben haben; das vierdte von Caroli Magni Zeiten her kan endlich mitgehen; jedoch hat er erst in dem 14. Seculo gelebt/und seine Geschicht mit dem 1469. Jahr beschlossen.

NICOL. Vignier in Reb. Burgund. hebt sich an A. C. 1093. und reicht biß A. C. 1477.

Ann. MCCC. und MCCCC. nebst einem Theil der obigen.

JOHANNES Cuspinianus Käyſers Maximiliani des I. Rath/ hebt seine Geschicht mit dem Anfang der Römischen Republiquen, verlieret also auch daran einen guten Theil/ langet aber biß A. 1494.

JOHANNES Nauclerus hebt seine Generationes ebener Gestalt an von Erschaffung der Welt/ verliehret also seiner Arbeit ein grosses Theil; Jedoch hat er in teutschen Sachen unterschiedliches/ das von andern nicht bemercket worden; er komt in seinen Erzehlungen biß auff das Jahr 1501.

ANTONIUS Sabellicus hebt gleicher massen an von Anfang der Welt/ schliesset aber seine Enneades A. C. 1504.

CONSTANTINUS Phrygio fängt in seinen Annalibus auch an von Erschaffung der Welt; reicht aber biß A. C. 1522. meritiret also all das vorhergehende biß etwa auff die zwene letzten Secula an ihm selbst wenig glauben.

ARNOLDUS FONTANUS hebt seine Geschicht von Christi Geburth an und führet sie hinaus biß A. C. 1526. kan man also darinn die ersten Secula über gehen.

ACHILLES GASSARUS fängt auch in Erzehlung der Geschichte an von Anfang der Welt/ und schließt in dem Jahr 1530.

VALERIUS ANSHELMUS welcher die Leben der Keyser beschrieben fänget auch an von Erschaffung der Welt und bringts biß auff das 1540ste Jahr/ das also in beyden

den letzten alle das vorhergehende biß auff zwene Secula übergangen werden kan.

Unter den Particulir-Schrifften mögen hiebey gebraucht werden

ALBERTUS Cranzius in seiner Saxonia und Vandalia, welcher kömt biß auff das Jahr Christi 1504.

PAUL. Langius in dem Citizensi welches sich anhebt von A. C. 968. / und langet biß 1515.

TRITHEMIUS Abbas so wohl in dem Chronico Hirsaugiensi welches langet von A. C. 830. biß 1515. / und Spanheimensi welches langet von A. C. 1044. biß 1526.

CHRONICON Riddagshusense, welches Meibomius edirt/ und von A. C. 1145. langet biß zu A. 1600.

PAULUS Jovius in den Geschichten seiner Zeiten von A. 1494. biß A. C. 1540.

Ann. MCCCC. und MD. nebst einem Theil der obigen.

NICOLAUS Basilius in der Continuation des Joh. Naucleri, welcher reichet biß A. 1544.

CASPAR Hedio der Continuator Enneadum Sabellici welcher komt biß A. 1539.

NATALIS Comes in seinen Libb. Historiar.

riar. welcher bey nah die Helffte dieses Seculi erreicht.

JOHANNES Sleidanus, Emm. Metteranus und JAC. August. Thuanus welche die vollkommesten Scribenten seyn / und der Zeit nach fast einer dem andern die Hand bieten.

DAVID Chytræus welcher des Cranzii Historiam zu continuiren angefangen/ und mit dem Supplemento das gantze Seculum durchgehet.

Zu welchen kommen die Chronologi aber sämtlich ihrer Gewohnheit nach von Erschaffung der Welt an; als

GEORGIUS Nigrinus welcher erlangt das Jahr 1570.

LEONHARD. Crenzhemius welcher erlangt das Jahr 1577.

FRIDERICUS Husmannus welcher erreicht das Jahr 1581.

MATTHÆUS Dresserus in seinen Millenariis welcher erreicht das Jahr 1587.

WENCESLAUS Sturmius welcher komt biß A. 1596.

PANTALEON Candidus der es eben so hoch bringet.

Unter den Particulir-Scribenten kan man hiebey gebrauchen

PETRI

PETRI Martyris Episteln. PONTUS Heuterus de Rebus Belgicis und nechst ihm RICHARDUS Dinothus de bello civili. JOH. Isaacus Pontanus in Historia Geldrica, GROTIUS in Annal. Belgicis und Haræus in Annal. Brabantiæ desgl. FAMIANUS Strada de bello Belgico.

Unter denen/welche der Kayser Leben besonders beschrieben / können nachfolgende gezehlet werden.

EGINHARDUS de vita Caroli M. ex edit. Bœcleri.

JOH. Turpinus de Vita Caroli M. ap. Reuberum.

SANGALLENSIS Monachi Lib. de Gestis Caroli M. ap. Canisium.

ANONYMI Annales Caroli M. & Ludovici ap. Reuber. p. 15. & seqq.

HROSWITHÆ Monialis Panegyr. de Ottone M. ap. Reuber.

GERHOVII Rechesbergi Chronicon de Heinrico IV. & V. Imperat. ex edit. Jacobi Gretseri.

APOLOGIA pro Heinrico IV. adv. Gregor. VII. ap. Goldast.

HEINRICI IV. Imperatoris Vita ap. Reuberum.

WIPPONIS Vita Conradi Salici ap. Pistorium.

RADEVICI Canon. Frising. Historia de Friderico I. Imp. ap. Urstisium.

GUNTHERUS de Gestis Friderici I. ap. Urstisium & Reuberum.

EXCERPTA ex Chron. Cænobii de Rebus sub Rudolpho, Adolpho, Alberto & Heinrico VII. gestis ap. Freherum.

CONRADUS Vercerus de rebus gestis Heinrici VII. in Chron. Hierosol.

ALBERTINI Mussati Historia Augusta Heinrici VII.

ÆNEAS Sylvius de gestis sub Friderico III. ap. Freher.

WOLFG. Lazii Libb. IV. Historiæ Austriacæ.

HIERONYMI Osii Res gestæ Imperante familia Austriaca.

GERHARDI de Roo & CONRADI Decii a Weidenberg Annales Principum Austriacorum à Rudolpho ad Carolum V.

BENEVENUTI de Rambold Liber Augustalis ab Augusto ad Maximilianum I. ap. Freher.

CAMILLI Gilini Liber de Maximiliani Cæsaris in Italiam adventus ap. eund.

MI-

MICHAEL Coccinus de Bello Maximiliani Cæsaris ap. Freher.

HARTMANNUS Maurus de Coronat. Caroli V. ap. Schardium.

GEORGII Sabini Historia de Elect. Caroli V. &c. Hanov. 1613.

WILHELMUS Godolevius de Abdicat. Imp. Carol. V. ap. Schardium.

EPITOME Rer. à Ferdinando usq; ad Maximial. gestar. ap. eund.

JUSTI Alsterii Liber de Electione Ferdinandi III.

Ob wir nun zwar in denen Chroniquem und Annalibus jedem Scribenten von der Zeit da er gelebet zwey hundert Jahr auffs längste zurück gegeben / oder gesetzt darin ihm sein selbst wegen Glaube bey zu messen seyn möchte: so ist doch hiebey zu wissen/ daß eines Theils ie weiter die Jahr von denen Zeiten darinn der Scribent gelebet / entfernet sind: je weniger; und je näher sie seinen Lebens-Zeiten herbey kommen: je mehr seinen Relationen Glauben bey zu messen; jene Geschichte aber aus denen Scribenten zu schätzen die solchen Zeiten / davon dieser dermassen entfernet / etwas näher kommen; Andern Theils so man ja zumahl von solchem

chem particuliren Ort und Sachen keinen andern und der Gegend nähern Scribenten hätte / demselben trauen müsse / welcher den Zeiten und dem Ort am nähesten gekommen; denn in den Clöstern die Münche sorgfältig gewesen / solche Schrifften ihrer Vorfahren in ihren Bibliothequen fleißig auffzuheben / ob sie gleich dieselben wenig angezogen / noch die Umbstände derselben mit angeführet / aus welchem man von dem Glauben / den man ihnen bey zu messen hätte / einen Schluß fassen könte; dafern aber die Formalien in zwey biß drey Scribenten von einer gewissen Sach also befindlich / daß einige Umbstände die dieser angemerckt / die Umbstände die der andre Scribent angeführet erleuterten / würde nicht undienlich seyn beyde neben einander zu setzen / unter vielen aber so wohl was die Glaubwürdigkeit des Scribenten als was die Volkommenheit der Geschicht betrifft / die besten zuerwehlen; in welchen aber einige von andern abgingen / solches zum Ende der Erzehlung bemercken. Solche zusammen getragene und nach der Ordenung der Regenten und Zeiten eingerichtete Wort der glaubwürdigsten Scribenten, die ihres Autores Nahmē

auffs

auffs genaueſte zum Anfang führen müſſen/ ſolten vermuthiglich nicht über einen mäßigen Folianten austragen/ und was in ſo vielen Volumnibus hin und wieder vergeblich angezogen/ und verdrießlich geſucht werden müſte/ viel bequemer und nützlicher vorſtellen. Es iſt dieſes Werck von groſſen Nützen/ dabey auch der Verleger ein nicht weniges gewinnen könte; Aber von groſſer Arbeit/ erfodert einen beleſenen Scribenten, und der in ſolchen Dingen von einem guten Judicia, welchem auch dafern er was guts und beſtändiges machen ſolte/ ſeine Muhe dabey alſo belohnet werden müſte/ daß er ein ſo wichtiges Werck zu vollenführen nicht verdrießlich würde.

CAP. V.

Erwegung des erſten Grundes wieder die Novellen, betreffend die Curioſität.

Wir begeben uns nunmehr zu der Hiſtorie dieſes Seculi darinnen wir leben/ welche zugleich neben der Teutſchen die gantze Europäiſche mit in ſich begreif-

begreiffen könte/ damit man aus derselben die Continuation der Historischē Schrifften von allen Königreichen und Herrschafften zu nehmen hätte. Es scheinet daß der Grund zu derselben in gewisse Gradus abgetheilet werden könte; Sintemahl nicht eben mit der ersten destilation die Chymici ihre Sachē zur Volkommenheit bringen: sondern erst die Materialien samlen/ in einem Kolben müssen maceriren lassen/ so dann durch das Feuer nach und nach den subtilen Spiritum davon ab ziehen/ und dieses Letzte zwar so offt/ als biß derselbe seinen völligen Grad erlanget hat. Die Nouvellen vergleich ich hierin der ersten Collection oder Samlung der Materien, die die halbjährigen Relationes der ersten/ das bißherige Diarium und noch itzige Theatrum Europæum der andermahligen Destillation; und ob zwar das Theatrum das beste/ so wird doch der Autor desselben von mir nicht übel auffnehmen/ daß ich meine/ es sey noch etwas Phlegma dahinten/ und durch eine abermahlige Destilation etwas ob schon nicht so vieles und weitläufftiges/ doch beständigers so für die künfftigen Zeiten noch nützlicher seyn würde/ hervorgebracht werden könne. Wir wollen

len alle diese Gradus nach ihrer bißher ange-
deuteten Ordnung erwegen / und also von
denen Avisen den Anfang machen. Man
möchte für dieselben gar wohl zum Schutz
den Spruch setzen / welchem Helvicus zu erst
auff den Titul seiner Grammatica setzen lassen: Non contemnenda hæc sunt quasi parva,
sine quibus magna constare non possunt.
Man müsse nehmlich das erst und kleine
nicht verachten / sonder welchem das Gröf-
sere nimmer auffkommen noch bestehen
würde. Der bekandte Wiedehopf oder
Kefer zu Wittstock / (den der Stencker ist
nicht werth / daß man ihn nenne) wolte einer gewissen Person die einige Nouvellen zu
übersehen gehabt / vor etlicher Zeit seinen
Gestanck anreiben / und vermeinte in dem
er andern Orth jemanden das zu gefallen
gethan / was von Churfl. Durchl. zu Sachsen dem seel. Herrn Professori Franckenstein
in Leipzig auffgetragen / so könt er ihn nicht
schimpflicher als einen Avisen-Schreiber
nennen / ungeachtet er ein solches Werck nie
unter Händen gehabt. Weil denn auch
sonst einige gefunden werden / die wegen
ein und andern Mißbrauchs daran es den
besten Sachen nicht fehlet / von dergleichen

Insti

Instituto spottisch reden oder schreiben/ so deucht mir bey dieser Begebenheit nicht undienstam zu seyn/ zu erwegen/ was von den so gewandten Nouvellen zu halten? Es sind vornehmlich drey Puncte womit von einigen Scribenten die Nouvellen wollen beschmitzet werden. Der erste/ daß die so hievon Profession machen in dem Gemüth derr Menschen eine Lust und gucken zu neuen und fremden Sachen erwecken. Hie wieder führen sie an/ daß Salomon in seinem Prediger cap. 1. v. unter die Eitelkeiten dieses zehlet/ daß sich das Auge nicht satt sehe/ und das Ohr nicht satt höre. Item/ daß Lucas in der Apostel geschicht cap. 17. v. 21. denen Athenensern ins gemein zu samt denen Ausländern und Gästē/ dieses verüble/ daß sie auff nichts anders gerichtet gewesen/ als etwas neues zu sagen und zu hören diesen wird hiebey gesetzt das Urtheil des Heirici Susonis in der Predigt über den vierdten Sontag des Advents/ so unter den wercken des Tauleri gelesen wird/ worinnen gedachter Autor also redet: Es ist warhrhafftig eine Schande/ das auch geistliche mit der neuen Zeitungs-Sucht geplaget seyn/ wel-

welche sich billig solten schämen zu hören und zu fragen nach solchem fliegenden Zeitungen. Denn was gehet sie es an/ und was treibet sie zu wissen/ was in der Welt ümb und ümb getrieben und gehandelt wird. Desgleichen was Richard Baxter in der Verläugnung sein selbst cap. 31. schreibet: neue eitele Zeitungen/ die Bekümmerniß ümb anderer Leute Geschäffte muß verläugwerden/ dem die fleischliche Lust/ die viel Leute haben drinnen/ daß sie gern was neues hören und können reden/ uñ anhören mit anderer Leute Sachē/ die ihnen doch nichts angehen/ daßelbe ist sündlich/ weil dadurch viel Zeit verdorben/ wichtiger Dinge/ dazu unsere Zeit uns gegeben/ und da wir uns ümb zu bekümmern haben/ versäumet werden. Unter denen Politicis wird angezogen unser sehr guthe Gönner Herr Ahasverus Fritschius Hochgräffl. Cantzler zu Rudelstadt/ welcher in seiner Schrifft von Nouvellen cap. 1. §. 6. also setzet: Germani quotidie nova audire & nova referre gestiunt; & hoc vitio omnis generis status & conditionis homines laborare videmus. I-
psos

psos etiam rusticellos nonnunquam vel legere novellas, vel legentibus studiose auscultare videas. Quin nonnulli adeo anxiè curiosi ac avidi novellarum, ut eas in templis inter sacra in curriis, inter graviores occupationes legere vel audire non vereantur; vix pedem ex domo extulere occursantes quærere solent: quid novi? quid novi? Das ist; die Teutschē sind bemüht allezeit was neues zu hören und vorzubringen/ und mit diesem Fehler sind fast allerhand standes Leute behafftet. Man siehet auch offt die Bäurichen neue Zeitungen lesen/ oder denen Lesenden fleißig zu hören. Ja etliche sind dermassen ängstiglich sorgfältig/ und begierig der neuen Zeitungen/ daß sie dieselben auch in der Kirchen unter dem Gottesdienst/ auff dem Rathhause/ bey wichtigen Geschäfften zu lesen hören pflegen; Kaum haben sie den Fuß aus dem Hause gesetzt/ so fragen sie also gleich die ihnen begegnen: was gibts neues? was hat man guts neues? Auch wird herbey gebracht der bekandte Verß:

Cura

Cura viris gravibus rerum solet esse sua-
rum
Cura viris levibus rerum solet esse nova-
rum.

Das ist: Ansehnliche Leut pflegen sich umb
ihre Sachen: liederliches Volck aber umb
neue Zeitungen zu bekümmern. Jnglei-
chen das Urtheil des Julii Cæsaris lib. 4. de
bello Gallico cap. 5. wenn er schreibet: Est
hoc Gallicæ consuetudinis, ut viatores etiam
invitos consistere cogant, & quid quisq; eorum de quacunq; re audiverit, aut cognove-
rit, quærant & mercatores in oppidis vulgus
circumsistat, quibus ex regionibus veniant,
quasq; res ibi cognoverint, pronunciare eos
cogant; his rumoribus atq; auditionibus per-
moti de summis sæpe rebus consilia ineunt;
quorum eos è vestigio pœnitere necesse est,
cum incertis rumoribus serviant, & pleriq; ad
voluntatem eorum ficta respondeant. D. i.
Es ist dieses bräuchlich bey denen
Frantzosen/ daß sie die Kauffleut auch
wieder ihren Willen anhalten/ und sie
fragen/ was ein jeder unter ihnen von
allerhand Sachen gehöret und ver=
nommen habe/ daß der gemeine
Mann in Städten umb die Kauff=
leut

leut herum stehe/ und sie zwinge zu sagen / aus was Landen sie kommen/ was sie daselbst vernommen hätten: durch welcherley Gerücht und Angehör sie beweget/ von den wichtigsten Geschäfften Rath zu halten pflegen; welcher Müh und Sorg aber ihnen doch bald gereuen muß / weil sie sich nur auff das ungewisse Gerücht verlassen / und die meisten ihnen solche verlogene Antwort geben/ wie sie dieselbe gerne hören wollen. Alle diese Zeugnisse und Judicia aber stehen dem wahren Nutz der Nouvellen keines weges entgegen. Sondern es ist hiebey ein driefacher Unterschied zu machen. Erst in dem Gemüth derer so die Nouvellen lesen/ ob in demselben verhanden 1. eine eitele unnöthige 2. dermassen unzeitige Begierde zu neuen und fremdden Sachen/ daß man andere nöthige/ und wichtigere Amts-Geschäffte dafür stehen und liegen lässet / oder verabsäumet/ und die 3. so unersätliche ist / daß man der neuen Zeitungen nimmer satt oder genug haben kan? oder ob jemand da ihm dergleichen Bericht zukömt/ weil ihm dünkt/ daß in seinem Stande er einigen Nutzen

davon

davon habe/ solchen annimt/ und nach dem die Sache ist/ auch davon urtheilet. Die erst beschriebene Begierde straffet der Prediger Salomonis/ wenn ers unter die Eitelkeiten rechnet/ so sich das Ohr **nicht satt höre**; item Lucas an den Atheniensern/ daß sie auff nichts anders gericht gewesen als etwas neues zu hören und zu sagen; desgleichen Herr Baxter/ wenn durch Lesung der Nouvellen **nöthigere** und **wichtigere Geschäfft** verabsäumet werden; auch Hr. Frisch/ wenn er gedenkt/ daß etliche dadurch an dem **Gottes-Dienst in der Kirchen**/ an ihren Verrichtungen zu Rathhause sich verhindern lassen/ und sich gewehnet haben/ jedermann der ihnen begegnet/ nach neuen Zeitungen zu fragen. Zum andern ist auch ein Unterschied zu machen zwischen den **Persohnen**/ ihrem Amt und Stande nach. Denn etliche sind Privat- etliche aber Publiqu-Persohnen. Unter denen Privat-Persohnen aber sind etliche/ die ihre Geschäffte bloß in dem Land und Ort/ wo sie wohnen zu verrichten haben / als Bauren/ Taglöhner/ Handwercker und dergleichen / denenselben will nicht allemahl anstehen/ was im Haag / zu Paris und Rom

Rom vorgehet/ zu wissen: Es sey dann/ daß man unsicher wegen eines Krieges sey / da sich denn auch die gemeinen Leut der Zeitungen gar wohl und nöthig zu bedienen haben/ sonderlich die auff dem Lande/ damit sie in Zeiten wissen mögen/ wohin sie mit den Ihrigen und ihrem Armuth ihre Zuflucht am besten zu nehmen hätten? Oder daß man in frembden entfernten Landen seine Freunde und Verwandten habe / von denen man nicht alle Posttage Briefe hat/ wie es umb ihren Stand en particulir bewand sey/ alle Posttage aber von dem allgemeinen und veränderten oder unveränderten Zustand selbiger Gegend und Nachbarschafft in denen Nouvellen Nachricht haben kan. Oder solt es auch endlich einem Christen so gar übel ausgedeutet werden können / daß er wisse./ in was Stande itzund die Christlichen Waffen wider den Erbfeind wären/ wie es den armen Protestanten unter den Päbstlichen Verfolgungen erginge / daß er daher sein Gebet zu GOtt für den allgemeinen Wohlstand und Rettung der Christenheit desto eigentlicher einrichten könte. In Summa/ es ist keine Sache so gut / darinnen nicht mancher Pharisäer / Gleißner und

Tadeler nach dem argen Sinn seines Hertzens etwas finde / welches ihm darin zum Gifft werde/ und andere Leut mit anstecke: Es ist aber hingegen kein Ding in der Welt so verächtlich oder böse/ worinnen ein rechtschaffener Christ nicht etwas gutes und zum Dienst seines Nechsten finden könne; Andere unter denen Privat-Persohnen sind auch welche dem gemeinen Wesen zum besten ihre Handlungen in frembden Landen haben/ Wahren oder Gelder dahin schaffen/ und andre wieder daher bekommen; Wer wolte sagen/ daß diesen/ ob sie gleich Privat-Personen/ nicht daran gelegen sey / daß sie den Zustand vieler Länder und was sich darinnen begibt/ je eher je besser wissen/ und ihrer Handlung wegen darinne vigilant seyn/ auch dabey mit Behülff der Zeitungen etwas von fern in grosser Potentaten geheime Raths-Stube einen Blick thun/ und für sich selbst weiter nachdencken / wie sich die Sachen an diesem oder jenem Ort verändern oder verwandeln könten/ wovon zugleich ihre Handlung daselbst einen Vortheil oder Nachtheil haben möchte? Unter denen Publiqu-Personen sind etliche entweder Geistlichen oder Weltlichen Standes. Denen

nen die geistlichen Standes sind/ will es nun zwar allerdings nicht anstehen/ daß mehr Avisen auff ihren Tisch als offters gute Bücher liegen/ daß sie sich umb den politischen Stand dieser oder jener Reiche/ als wenn sie zu Estaat-Räthen bestellet wären/ gar zu viel bekümmerten; daß nicht leicht eine Predigt zum Volck gehalten werde/ darinnen nicht etwan hie und da einige kleine Posten aus den Avisen mit eingerücket werden; oder daß sie sich fleißig in der Nouvellisten Laden/ an dem Rathhause/ oder in den Gasthäusern/ wo von neuen Sachen und Zeitungen vielmahl geredet wird/ finden lassen/ und die Zuhörer das Vertrauen bekommen/ ob könten sie keine curiösere Zeitungen als bey ihrem Pastore haben; Wannenhero freylich unter dem Pabstthum/ wo der Münchs-Orden noch im Schwange geht/ angezogener Suso, denen Prioren und andern es höchlich verübelt/ daß nachdem sie der Welt abgesagt/ noch wissen wolten/ was in der Welt/ und zumahl in rebus politicis paßirte: Solte Suso zu der Zeit gelebt haben/ da die Jesuiten auffkommen/ und so wie wir von ihrem Stand benachrichtiget worden seyn/ er würd es mit ihnen so gar genau

nau nicht genommen haben/ wie dieselbe bey grossen Herren in solcher Consideration, daß sie öffters den meisten Estaat dirigiren; Unseren Geistlichen aber mag so gar nicht verübelt werden/ daß sie auch dann und wann in die Zeitungen sehen; zum Exempel vor wenig Jahren/ da das Münster in Straßburg denen Protestirenden genommen; da der gelehrte Herr **Obrecht** sich zur Römisch-Catholischen Religion bekante; da die Jesuiten die Augspurgische Confession zum Text ihrer Predigten hatten; da die Protestirenden einige Religions-Freyheit in Ungern zu erlangen schienen/ bald aber darauff wieder vertrieben wurden; da die Protestirenden aus Franckreich und Piemont sich wegzumachen suchten; da in Engeland denen Bischöffen wegen des so genandten Tests ein und andre Ordre zugeschicket wird. Item/ da der Pabst hiebevor etliche Münchs-Orden abschaffen/ und eines theils Geistliche etwas genauer einzuschräncken schiene; da itzt die Quietesten in Italien auffkommen/ was sie lehren/ und wie mit ihnen procediret werde/ sehr verborgen gehalten wird. Daß aber Politicis umb so viel mehr zugelassen/ zu er-
для

forschen was in Regiments-Sachen hie und da neues paßire / wird ein jeder unschwer selbst erachten können. Sintemahl ein jeder Potentat nach dem/ was sein Nachbahr/ sein Confœderirter oder sein Feind vornimt/ gleich wie die Schiffer nach dem der Wind von Süd oder Westen wehet / ihr Seegel anders ziehen / sein dessein und Anschlag zu enden / wenden und zu verändern hat. Kriegs-Officirer haben der Zeitungen höchst vonnöthen / daß sie wissen was der Feind hie oder da vorhabe? wo er stehe? worauff er umbgehe? was er ausgerichtet? Und dieses mag auch nicht läugnen angezogener Herr Ahasverus Fritschius in seiner Schrifft de Novellis cap. 2. §. 1. wenn er schreibet: Publicis personis officii ratione incumbit, sedulò inquirere ac nosse, quid in publicis rebus alibi cum primis in vicinia gestum sit, ut imminens forte ex re nova periculum vel damnum præcavere & avertere possint; cumprimis tempore belli publicè interest accuratam rerum quæ alibi ab hominibus vel vicinis fiunt ac geruntur notitiam habere D. i. Denen Publiqu-Personen komt Amts halben zu/ fleißig nachzuforschen und zu wissen / was in Publiqu-
Sa-

Sachen anderswo/ und sonderlich in der Nachbarschafft vorgangen sey/ damit sie die aus der neuen begebniß bevorstehende Gefahr oder Schaden verhüten / und abwenden mögen; bevorab zur Zeit des Krieges ist insgemein daran gelegen / daß man eigentliche Nachricht habe / was so wohl anderswo/ als in unsrer Nachbarschafft vorgehe. Und Besoldus in Thesauro Practico verb. neue Zeitung &c. dieselben Fürsten sind keine Politici, die nicht gewisse Zeitungen haben / sonderlich daran ihnen auch ihren Land und Leuten viel gelegē. Diesem nach muß man auch zum Dritten einen Unterschied zwischen denn Sachen machen / die in denen Nouvellen vorgebracht werden / ob sie den Staat / die Handlung oder die Religion und Kirchsachen betreffen. Es kan mit Zeitungen nicht also zugehen / wie zu anfangs mit denn Catalogis der Bücher so auff die Franckfurter oder Leipziger Meß gebracht worden / da man eine gewisse Sort unter gewissen Titul setzet / als Libri Theologici, Juridici, Medici, Philosophici: sondern allein wie es sich in denn serius exhibitis begiebt/

giebt / da Geistliche und Weltliche endlich promiscue unter ein ander stehen/ müssen dennach die Geistlichen / wollen sie wissen/ was in Kirchen-Sachen hie oder dort vorgehet/ auch die andern Dinge mit flüchtigen Auge durchlauffen; wenn nun also ein jeder in Zeitungen dasselbe suchet / was seiner Profession ist / so kan ich nicht absehen/ wie das lesen der Zeitungen unter die unnöthige eitele Curiosität zu bringen? den Curiosi seynd eigentlich dieselben zu nennen/ die auff Dinge / welche weder nöthig nach sie angehen gar zu grossen Fleiß oder Sorgfalt wenden qui aliena curant evoluti propriis wie sie aus dem Grutero Taubmannus, ad Act. 1. Stich. Scen. 3. ver. sed curiosi pag. 1063. b. beschreibet. Und Plutarchus, in lib. adv. Stoicos de Commun. notion. setzet inter industrium & curiosum diesen Unterscheid quod in rebus hic futilibus & indifferentibus: ille conducibilium causa & frugiferarum laborer. Und in lib. de Curiositate pag. 286 edit. in fol. ante med. Curiosi mens simul in locupletum est domiciliis in casis pauperum, in aulis Regum &c. Omnia rinatur negotia hospitum præsidum. pag. seq. med. Curiosi perdunt & projiciunt, dum circa aliena conferunrunt sua &c. Vicinorum vineas plusquam suas inspiciunt: rogantq; quot boves de mortui sint vicino &c. Joh. Spineus lib. 6. de Tranquill. animi. nennet die Curiositát animi morbum, quo assiduè sollicitamur ad cognitionem rerum inutilium aut non necessariarum & ad satagendum plurimorum variorumque negotiorum præter aut contra vocationem nostram. Conf. Thom. de Aquino in II. 2. quæst. 167. ibidemq; Comm. ad verba: prout per studium minus utile retrahuntur ab eo, quod ex necessitate illis incumbit. Imprimis Petrum Allagonam ibid. p. 461. inquirere facta aliena bono animo ad utilitatem propriam est laudabile: sed inquirere vitia proximi ad despiciendum vel detrahendum, est vitiosum. Francisc. Favonium in Summa Eth. Disp. 3. quæst. 4. prop. 6. num. 16. p. 200. in fin. & Omeisium in Theatr. virt. & vitior. cap. 6. §. 8. pag. 67. in fin. & seq.

Cap. VI.

Erwegung des andern Grundes wieder die Novellen, betreffend die Eitelkeit der Materie

Der

Der andere Punct, so wieder die Nouvellen auffgebracht wird/ ist das in denselben mehrentheils viel unnütze und nichts werthe Sachen enthalten wären; davon schreibet Christianus Weisius de lect. Novell. pag. 2. n. 4. Utinam quibus novellarum compilandarum contingit provincia, si discernere a falsis vera nequeunt, iis tamen narrationibus chartam non implerent, quæ sine legentium dispendio possent omitti D. i. Wolte Gott) das die Jenigen/ welche die Advisen zusammen zutragen haben/ wenn sie ja das wahre von dem falschen nicht unterscheiden können/ mit solchen Erzehlungen das Blath doch nicht erfülleten, welche sonder des Lesers Nachtheil wol könten aus gelassen werden desgl. Martinus Zeilerus im Quodlib. p. 42. Es ist ein grosser Verdruß/ daß auff einen Posttag zumahl in Holland und anders wo in Handelstädten öffters so viel Zeitungen ausgegeben werden/ auff welche zulesen man etliche Stunden verwenden müste und welches drinnen hauptsächliches oder nützliches man-

manches mahl auff einem Blatßplatz
genung fünde. Was so viel schon
vorkommen solches wird nichts minder etliche Posttage hernach einiger
wenigen Umstände halber wieder-
hohlet / und dabey aus einem Schreiben sehr viel von unterschiedenen Orten gemacht / damit man meine / das
Gerüchte sey überall erschollen / und
die Relation daher desto wahrhaffti-
ger / weil es von so vielen Orten Con-
firmiret werde. Einer schreibet durch
die Welt die Zeitungen aus dem andern / kehret das Vorderste hinten
und das Unterste oben / überflickt es
hernach mit andern Worthen / oder
setzt ein anders datum darüber / andere erdencken selbst allerhand Conjectu-
ren, Consilia und Reden / die Lebens-Zeit
nicht auff dem Tapet gewesen / die hernach mit der Salutari Clausula verwah-
ret werden: Ob dem also? stehet zu erwarten. Oder hievon lehret künfftig die Zeit.
Was längst paßiret / und nicht Gelegenheit gewesen es mit einzurücken /
wird unter einem neuen dato renovirt.

Haag/

Haag/ Franckfurt/ Wien sind die loci generales, darauß die Dialectica Nouvellistica die meisten Sachen formiret/ von den Briefen auß Constantinopel darf man das Postgeld nicht geben/ weil der Bassa samt den Originalien offters in Wien logiret. Endlich so dieser Sachen keines genug/ das Blat zu erfüllen/ so hat sich hie auff etliche 60. Meilen weit einer entleibet/ ein anderer anderswo sonst eine verwegene That verübet/ oder es ist irgend ein lächerlicher Schwang vorgangen/ womit man den Leser ergötzen kan. Es ist freylich an dem/ und so gar nicht zu läugnen/ daß kein Ding auff der Welt/ noch etwas so gut/ wobey nicht Eitelkeiten zu finden/ darumb bleibt dessen guter Gebrauch dennoch bey Ehren. Und daß ich von denen Studien ein Exempel anführe/ mit viel Eitelkeiten wird nicht offtmahl die unschuldige Jugend auffgehalten/ und muß dieselbe wohl zehnfach theurer als mancher ein Jahr über vor Nouvellen bezahlen. Wie hoch komt offters nicht eine disputation de Genere Logicæ, de quinq; prædicabilibus oder decem prædicamentis. Wie viel kostets nicht
man-

manchen ein obscurum volumen Logicum durchzuhören / welches er doch kaum mit dem dritten mahl verstehet/ und nachmahls von dem hundertsten nicht den geringsten Nutzen zu gewarten hat; Wie viel unnöthige libell werden nicht offters in Processen gemacht / wie viel vergebliche Termine abgewartet / und noch vergeblichere Unkosten an Sachen gewendet/ daran man nicht eines Hellers werth gewinnet? Wie viel Träncke / wie viel Pulver / wie viel Pillen muß nicht mancher Krancke verschlucken/ die öffters all vergebens sind; und so wird mans fast in allen Sachen / ja in allen Geschäfften des Menschlichen Lebens befinden. Wolte aber jemand diese Posten so Herr Zeiler angeführet / unter die Sophismata, rechnen/ können wir ihm solches zwar nicht wehren: Aber gewissenhaffte Nouvellisten werden sich auch damit nicht begnügen; Und wo ist wohl etwas/ wobey nit öffters von etlichen eben dergleichen Sophismata gebrauchet werden/ mit welchen Ænigmatibus und Sophismatibus wird nicht öffters der studirenden Jugend das Geld abgelocket? wie bildet man ihr öffters ein/ daß grosse Weißheit sey/ daß sie so fleißig so

sau-

sauber nachschreiben muß/ und wenn es
hernach zum Gebrauch komt/ so ist es nir=
gend wozu nütz/ und muß anders wohin ver-
wendet werden; was ist nicht in dem heuti=
gen Geistlichen stande der Pharisaismus für
ein scheinbahres Sophisma, sich in grossen
respect der Heiligkeit zubringen/ und andre
dagegen zu vernichten? wozu dienet öffters
nicht der grosse Rhum/ und anderseits des
austicheln in den Leichpredigten/ als daß
dieselben wohl bezahlet und die sich hierinn
kärglich erweisen wolten/ dadurch abge-
schrecket werden mögen? wozu wird nicht
öffters das Gesetz dermassen geschärffet/
und dem andern dagegen so viel Barmher-
tzigkeit erwiesen; als weil zu Zeiten dergleichen Wirckungen von den qualitatibus oc-
cultis herrühren? Was wolt man sich endlich so gar sehr beschweren/ wenn auff einem
Blat Advisen eine so kleine Eitelkeit oder geringe Nichtigkeit bemercket worden/ da offt
gantze Bücher/ ja grosse Volumina vielfältig
damit angefüllet? Was ist heutiges Tags
gemeiner/ als daß manches Buches aus-
wendiger Rock oder Titul sehr prächtig/ und
so zu reden mit Samt und Seiden stolzie-
ret/ womit doch aber eine gar magere Ma-
teri

terie bekleidet worden? wie spielet man nicht offt auffs weitläufftigste/ auff daß ja das Werck/ wo müglich/ in Folio heraus komme? Gewiß/ gleich wie der Buchhändler Vortheil und Schaden darunter lieget/ wenn ihr Verlag mit unnützen Sachen angefüllet ist/ so empfindens auch die Novellisten und verhüten es ümb desto mehr das die schlechten Sachen in ihren Relationen ja nicht den meisten Platz ein nehmen/ oder solches garzu offt geschehe; hat jemand wenige Cbrrespondenz und muß es auff solche weiß anstellen/ wie Zeillerus beschreibet/ so hat er viel grössern Schaden dabey/ als ein anderer der ümb gering Geld solches kaufft/ bald durchlieset und dahin wirfft; wil itzt nicht melden war manchmahl andere so die Novellen kauffen/ denen bey welche sie ausgegeben werden/ wiederum für Sophismata mancherley Art entgegen machen? da bißweilen ein Mann für eine gantze Compagnie stehet/ welche mit in das Collegium trit/ und einer das Blätchen dem andern zujäget/ welchem doch der Novellist unmöglich begegnen kan. Die Handelsleut erfahren es selbst nicht wenig/ daß sie Feigen/ Rosen und andere Wahren auch von denen

Or-

Orten/wo sie zubereitet werden/nicht so rein bekommen/ als sie wohl könten ausgelesen und ausgesaubert werden. Weil aber dieses ein gemeiner Gebrechen/ und es fast niemanden hierinnen besser ergehet/ so verkauffen sie auch die Wahren/ wie sie dieselben überschickt bekommen: Solte denn allein der Novellist mit dem Thara und Fusti dermassen geplaget und vexiret seyn / daß ihm seine Wahren/ wie er sie von nützlicher und offters schlechten Materie gemänget bekomt/dafür er so viel Geldes alle Jahr dem Correspondenten, und so viel porto dem Postmeister geben muß / nicht auch wieder also abgehen / und von ihm verkauffet werden dürffte? Ferner so ist auch dieses ein unbilliges Begehren/daß der Novellist allemahl mit sehr wichtigen Sachen alle vier Blätter erfüllen solte. Denn liegen soll er ja nicht/ und das begehret er auch vorsetzlich nicht zu thun: wo soll er nun allemahl so viel wichtiges hernehmen/ wenn nicht so viel wichtiges/ als mancher gern zu wissen verlanget passiret? ist fast eben als wenn bey meiner Zeit die Studiosi zu Jena auff denn Bothen unwillig waren/ daß er ihnen kein Geld bracht; da doch vielmehr die Eltern

daran

daran Ursach / daß sie keines geschickt hatten. Wer wolte wünschen das so viel wichtiges und veränderliches allemahl in der Welt vorginge als mancher zu wissen verlangte? Wer solt es verlangen / daß alle Wochen grosse Haupt-Schlachten gehalten würden / oder Bestürmungen der Städte geschehen möchten / damit mancher neugieriger von Victorien und Eroberungen satt werden könte. Gnung daß der Nouvellist dermassen vigilant / daß nichts wichtiges vorgehet / wovon er nicht dem nechsten Nachricht zu erstaten wisse / und der Correspondenten eine solche Anzahl hat / daß er alle Posttage seine bestimte vier Blätter erfüllen kan. Ich will nicht mit vielen Exempeln erweisen / wie man öffters eine geringe Sache / eine kleine Umbstände so gar schlecht ansiehet / aus welcher aber nachgehends grosse Consequentien erwachsen. Da der Handel mit der Procession zu Donawerth vorging / hätte fast jederman urtheilen sollen / es handelte der Nouvellist wieder die Gebühr / daß er solchen so ausführlich beschrieben: Es erwuchs aber hernach der dreißigjährige Krieg daraus. So bald kan aus einer kleinen Funcken ein grosses

F 2   Feur

Feur entstehen / so bald kan eine dem Ansehen geringe Sache eine grosse Veränderung nach sich ziehen. Das Ende muß dem Anfang den Ausschlag geben. Zum Beschluß will ich noch dieses melden / daß offters die Nouvellisten einen gemessenen Befehl von diesem und jenen Ort erhalten/Sachen öffters von geringer Erheblichkeit mit gewissen prächtig auffgesetzten formalien in ihre relationes zu setzen. Denn es kan mancher nicht diese oder jene Ehrenstelle erlanget/diese oder jene Reise abgeleget haben / oder etwa gar gestorben seyn / so müssen alle dessen Tugenden haarklein mit der besten Schmincke angefärbet in die Relationes gebracht werden. Wie denn auch der Lampridius den Kayser Commodum cap. 1). in vita ejus damit auffzeucht/quod cum ludum gladiatorium semper ingrederetur, quoties ingressus est, publicis idipsum monumentis indi jusserit. D. i. So offt der Kayser (welches er doch allezeit gethan) auff die Fecht=Schul gangen/ware befohlen worden/daß man solches in die öffentlichen und allgemeinen Geschicht=Bücher eintragen solte. Man könt es ja endlich übersehen / wenn dieses allein

von

von hohen Standes Persohnen geschähe/ daß was sich mit denselben zugetragen in die Zeitungen gesetzet würde: Aber so bald nur jemand nunmehr eine Disputation hält/ so bald jemand eine Vocation zur Superintendentur bekomt/ so muß von dessen Auffbruch/von seinem Anzug/ von seiner sonderbahren Eruditon, von allen seinen Qualitäten/ von seinen herrlichen Gaben im predigen/und was des Prahlens öffters mehr ist/ woran mancher nicht satt werden kan/ auff dieselbe Art wie mans formalisirt gehabt / in die Zeitungen kommen. Man weiß zwar wohl/ was verständige Leut davon urtheilen; Aber gewiß die Nouvellisten sind hieran guten Theils entschuldiget/denn ihnen wird es so zugeschrieben/ ihnen wird es so befohlen/ wollen sie nicht grossen Unwillen haben/so müssen sie gehorsamen.

CAP. VII.

Erwegung des dritten Grundes wider die Novellen, betreffend die Unrichtigkeit der Relationen.

Das wichtigste so wider die Novellen auffzubringen / meynen etliche sey dieses/ daß zu unterschiedenen mahlen es nicht eintreffe/ was darinnen referiret wird. Hievon schreibet Arnold Mengering in Scrutin. Conscient. cap. 12. quæst. 44. Frage dich nach dem achten Geboth / ob du mit Advisen und neuen Zeitungen weidlich ins Land gelogen/ etwas vor gewiß und warhafftig ausgebreitet und spargiret/ das doch alles erstuncken und erlogen gewesen? So sind manche gesinnet/ und thuns auch bißweilen/ haltens für eine grosse Ehre / wenn sie einem so eine Nase drehen / oder Maschen machen können; Oder es bilden sich solche Leute was ein / und wie sie gern wolten daß es wäre / so dürffen sie es vorbringen und ausgeben. Welches Lügen-Handwerck heutiges Tages sehr gemein/ und von Niemanden für Sünd und Unrecht will erkand werden. Desgleichen Herr Ahasverus Fritschius in seiner Schrifft von den Novellen cap. 4. §. 3. Peccant Novellifices & spermologi qui novellas fingunt

fingunt non leviter contra Deum, contra Rempublicam & contra proximum. Contra Deum quippe qui veritatem amat & mendacia execratur. Levit. 19. v. 11. Prov. 19. v. 5. Ephes. 15. v. 25. Contra Rempublicam, quam ut experientia docet sparsione novellarum fictarum non raro in periculum & perniciem conjiciunt. Contra proximum quem ludificant, eumq́; vel tristibus novellis turbant, vel lætioribus vana spe lactant. §. 4. Nec inde excusantur mundum velle decipi, quemlibet suæ credulitati imputare debere, si falsis narrationibus ab alio deceptus fuerit; In foro namq́; conscientiæ ejusmodi excusationes minime valent. D. i. Es sündigen die= welche Zeitungen machen oder ertich= ten nicht wenig wider Gott / wider das gemeine Wesen / und wider den Nechsten. Wider Gott / sintemahl derselbe die Warheit liebet / und die Lü= gen hasset / Levit. 19. v. 11. Prov. 19. v. 5. Eph. 15. v. 25. Wider das gemeine We= sen / welches sie / wie die Erfahrung bezeuget / nicht selten mit Ausspren= gung ertichteter Zeitungen in Gefahr und Schaden bringen. Wider den

F 4   Nech=

Nechſten / welchen ſie äffen / und ihn mit frölichen vergebliche Hoffnung machen. §. 4. Es gereichet ihnen a=
ber nicht zur Entſchuldigung/daß die Welt wolle betrogen werden / und müſſe es ein jeder ſeiner Leichtglau=
bigkeit zurechnen / ſo er durch falſche Erzehlungen von einem andern be=
trogen ſey; denn vor den Richterſtuhl des Gewiſſens mögen ſolche Ent=
ſchuldigungen wenig gelten. Ich räu=
me gern dieſes alles ein von denen die aus Vorſatz Lügen tichten; und wer wolte de=
nen auch das Wort reden? Aber zwiſchen Lügen/und Reden das nicht wahr/iſt ein ziemlicher Unterſchied ; Gleich wie hievon Guilb. Burnathus ſchreibet Lib. IV. Eth. cap. 24. pag. 609. Aliud eſt dicere falſum, aliud mentiri. Nec qui falſum dicit, propterea mentitur. Nam falſitas rem ipſam ſpectat ſc. difformitatem intellectus cum re intellecta: mendacium verò conſilium & propoſitum voluntatis. Ideo non eſt injuria, alicui exprobrare quod falſum dicat. Falli humanum eſt. At ſumma injuria & vindicatione digna, viro bono dicere quod mentiatur. Nam honorem lædit; cum mentiri diabolicum ſit. Quarto a-

to aliud est mentiri, aliud mendacium dicere. Nemo bonus mentitur: at vir bonus potest dicere mendacium; vel tanquam simplex relator; vel putans non esse mendacium. D. i. Ein anders ist etwas falsches reden/ ein anders liegen. Denn nicht ein jeder lieget alsofort wenn er falsch redet. Denn das falsche hat sein Absehen auff die Sache / wenn dieselbe nicht mit unserm Verstande übereinstimmet. Die Lügen aber ist ein Rath und Vorsatz des Willens. Derohalben ist es keine Schmach einem vorrücken daß er falsch rede; denn irren ist menschlich. Aber eine grosse Schmach ist/ und die zu rächen/ wenn man zu einem ehrlichen Mann sagt/ daß er lüge/ denn Lügen ist teuflisch. Vierdtens: Ist demnach ein anders liegen/ ein anders die Lügen nachreden. Kein ehrlicher Mann lieget: Aber ein ehrlicher Mann kan wohl reden was erlogen ist / entweder daß ers schlechter Dings erzehlet/ oder daß er nicht vermuthe/ daß es eine Lügen sey. Nun pflegt aber der Nouvellisten Symbolnm seyn:

Rela-

Relata refero: Wie mirs verkaufft ist/ so geb ichs wieder. Sie geben ja nicht vor/ daß sie selbst an dem oder dem Ort gewesen/ und die Sachen mit Augen gesehen: sondern melden jedesmahl/ es werde von dem oder jenem Ort her also ihnen zugeschrieben. Hat es nun der Correspondent wieder von einem andern Ort/ und trifft es endlich bey der endlichen Nachfrage nicht allerdings zu/ was kan der letzte dafür/ daß der erste es so mild berichtet? Ja sprichstu/ er hätte besser Wahl halten/ und seine Leser nicht in Irrthum verführen sollen. Ich schliesse dagegen: Entweder die Sachen sind also beschaffen/ daß jedermann der etwas bey Verstande/ die Unwarheit bemercket: oder daß sich dieselbe nicht so leicht bemercken lässet. Ist dieses/ so ist der Nouvellist eben so übel daran/ als der Leser. Denn so er sich hat bethören lassen/ warum hält ers dem Nouvellisten vor übel/ daß er auch in Irrthum verführet worden. Ist jenes so ist der Nouvellist, dafern er die Sache nicht bemäntelt noch schmincket/ ebener Massen entschuldiget/ denn er referiret, wie ers hat/ und überlässet dem Leser das Urtheil. Man lasse doch auch hie gelten

ſen was Ariſtoteles lib. 1. Eth. cap. 3. ſchreibet:
Bene inſtituti hominis eſt eatenus veritatem
exquirere in unoquoq; genere, quatenu
rei poſtulat natura. Oder wie es daſelbſt
Magirus giebt p. 26. Tantum certitudinis in
unaquaq; arte & doctrina requirendum eſt,
quantum natura & materia ejus patitur. Daß
man nemlich in einer Sachen nicht
mehr Warheit oder Gewißheit for=
dere / als man darinn haben und erlan=
gen kan. Iſt nun der Orth / wannenher
der Bericht geſchiehet / nahe / ſo gilt den Aus-
ſchlag die neheſte: iſt er fern / die künfftige
Poſt / was davon zu halten. Den Ver-
ſtand den der Leſer von dem Nouvelliſten er-
fordert / daß er ſolle unterſcheiden können ob
die Relation wahr oder falſch / den muß er
auch bey ſich ſelbſten haben / die Umbſtände
erwegen / und dafern er aus demſelben einen Zweiffel bekomt / die Continuation er-
warthen. So muß es der Nouvelliſt ſelbſten machen / und kan er inzwiſchen dem Leſer nicht anders rathen; wer nun ſo viel
thut als er vermag / der thut ſo viel als der
mächtigſte Herr. Der Herr Weiſe in lib.
de Novell. in Proem. §. 3. p. 1. in fin. muß es
ſelbſt geſtehen inter tot partium ſtudia, inter
tot

tot incertæ famæ aucupia, veritatem velle sectari nihil esse aliud, quam in crepusculo quærere meridiem. Und bald darauff: Interim si undiquaq; perfectionem assequimur, non quantam volumus, sed quantam possumus &c. Suffecerit per medias fallaciarum spinas unam vel alteram adhuc decerpere rosam. Wiederum cap. 3. §. 2. pag. 18. Quodsi quem deterreant incertæ relationes, cogitet, nihil esse recipiendum nisi quod posterioribus receptionibus confirmetur, Præsertim quæ magnum in Republica momentum habent, falsis rumoribus ita neque unt corrumpi, quin aqpareat tandem veritas; si vel maxime circumstantiis quibusdam non omnino lux affulgeat. Und was wolt man endlich die Sach so genau in Avisen haben / da die Historien selbst und zwar der bewehrtesten Scribenten hie und da mit lügen noch angefüllet seyn? Picus Mirandula Tom. 2. oper. lib. 2. de Exam. Doctrinar. cap. 37. darff insgemein sagen: Neminem esse Historicorum, qui falsa non habeat. Und das Zeillerus zuvor denen Nouvellisten verübelte / damit zeucht auch die Historicos auff der Seneca lib. 4. Quæst. nat. cap. 3. wenn schreibet: Historici cum mentiti sunt ad arbitrium suum tandem

dem adjiciunt illud: penes auctorem fides esto. Juvenalis begreifft Satyra 1. seinUrtheil von denen Griechischen Scribenten in diesen wenig Worthen: Et quicquid Græca mendax audet in Historia. Cicero lib. 1. de legibus schreibet: Apud Herodotum Historiæ patrem & ap. Theopompum sunt innumerabiles fabulæ. Quintil. lib. 2. Instit. orat. cap. 4. Græcis Historiis plerunq; Poeticæ similem esse licentiam. Von denen Lateinern insonderheit schreibet Flavius Vopiscus lib. 3. de Imperatore Aureliano: Neminem Scriptorum, quantum ad Historiam pertinet, non aliquid esse mentitum, & esse in quo Livius, in quo Sallustius, in quo Tacitus, in quo deinque Trogus manifestis testibus convinci possint. Livius schreibet selbst von seinen Geschichten lib. Vitiatam memoriam funebritus laudationibus reor, falsisq; imaginum titulis, dum familia ad se quæq; famam rerum gestarum honorumq; fallente mendacio transiit. Inde certe & singulorum gesta & publica monumenta rerum confusa; nec quisquam, æqualis temporibus illis scriptor extat, quo satis certo autore stetur. Und endlich von des Jovii Geschichten Johannes Bernartus lib. 1. de util. Hist. leg. pag. 34. Paulum Jovium illustrem imprimis & spectabilem nulla non manu hodie vapulare, ejusq; scripta tanquam fædæ adulationis, & mendaciorum maculis aspersa passim nosti rejici. Wie dieses alles mit Exempeln bestärcket Ludov. Vives lib. de Cauſ. Corrupt. art. p. m. 90. und Camerarius part. 1. Med. Hist. cap. 49.

Cap. VIII.
Von Nutzbarkeit der Nouvellen.

Nachdem wir nun aus dem Wege geräumet/ was wieder die Nouvellen von einigen hönischen Leuten pfleget eingestreuet zu werden; so ist nun auch an dem/ daß wir dagegen dero grossen Nutz bey nahe durchgehends in dem gemeinen Leben erzehlen. Die Theologi lernen daraus den Estat des Stuhls zu Rom/ wie der sich enthalte/ was an dem Bäbstlichen Hoff paßiere/ was von Gesandten daselbst vorgebracht werde/ was der Babst überall für Ordre stelle/ wie er die der Catholischen Religion zu gethane Potentaten in der Einigkeit enthalte/ das sie entweder gar nicht/ oder

oder nicht zu hefftig noch zu lange einander
in die Haar gerathen/ oder im Krieg mit
einander verwickelt liegen; wie er hingegen
überall zumahl bey diesem Türcken Krieg
sein Reich zu erweitern suche: Wie sehr dagegen die Protestirenden andern Orts ver-
drenget werden? und was dergleichen mehr/
darauff billig und höchstnötig wäre/ das
von Theologis die in hohen Aemtern sitzen
und bey denen Protestirenden Fürsten mit
ihrem Vorstellungen etwas vermögen/
was fleißiger vigiliret würde/ damit dieselb-
ben nicht von denen Römisch-Catholischen
eingenommen durch ihren Abtrit von uns
zu ihnen/ das ohne dem schwache Häufflein
unserer Kirchen noch destomehr sincken
machten. Die Politici finden in den Nouvellen allerhand Praxes der verdeckteste
Staats-Maximen/ und wie zu Regenspurg/
zu Pariß/ zu Londen/ zu Rom und an andern berühmten Orthen; desgleichen in dem
Haag ein Minister gegen dem andern seines
Principalen interesse observire, wie er verhüte/
daß dessen Concept durch andere nicht ver-
drehet werde; vornehmlich aber findet man
in denselben dan und wann ein zierlich und
geschickt auffgesetztes Memorial/ darinnen
öffters

öffters die Gründe der neuen und
Prætenſionen. Die Medici un[d]
den imgleichen von denen Hoff[en]
andern berühmten Orten allerl[ei]
derer Invention angeſtellete Cu[r]
findungen der Gelehrten in Fra[nck]
geland und Holland/ als wie auf
ſüß waſſer zu haben; Wie ein u[nter]
lich Feuer zu bereiten/ wie die
Bomben ſehr weit zu werffen
das Feuer zu bereiten/ welches e[in]
del in Sachſen nechſt erfunden[,]
man auch ſelbſt die Schmeltz-
ſchmeltzen kan? Die Mathema[tici]
inahl die Ingenieurs, was für n[eue]
Machinen bey dieſes oder jenes
tentaten Hofe erſonnen werden
liche hie und da an dem Geſtir[n]
Finſterniſſen und ſonſt obſervir[et]
neue vortheilhaffte Inſtrumenta[li]
ca erfunden worden &c. Die ?
Literati, was für Triumph-Bo[ge]
ſtra doloris auffgerichtet/ mit w[as]
blematibus dieſelben ausgezier[et]
Inſcriptiones und nachſinnige C[a]
dieſe oder jene Begebniß gemac[ht]
was für Müntz zur Gedächtni[s]

worden; welcherley und desgleichen Dinge so jemand von guter Zeit her observiret/ und in gewisse Ordnung zusammen getragen hatte/ zu vielen Erfindungen mehr eine gute Gelegenheit und Vorrath an die Hand geben solte; der Kauffleute Nutz von den Nouvellen erscheinet fast alle Posttage/ sintemahl fast kein Stand welcher auff dieselben mehr halte/ als diser/ welcher auch so sonderbahrern und gewissern Nachricht habe/ als eben dieser/ wie sie denn dieser Orten/ was für Wahren hie oder da ankommen/ in welcher Menge/ und umb welchen Preiß sie verkaufft und ersteigert worden oder gefallen/ die genaueste Nachricht haben. Es ist nun zwar an dem/ daß wenn Kauffleut denen Nouvellisten so viel nicht abnähmen/ dieselben bey ihrer Profession schlecht fahren würden; Aber weil doch an vornehmer Herren Höfe nicht ein geringer Theil derer Nouvellen verschicket werden muß; sonst auch so wohl daselbst/ als in denen Städten/ und bey denen von Adel auff dem Lande die zu politischen Sachen erzogene Jugend/ zu denen Nouvellen pflegt angehalten zu werden: so deucht mir/ daß nicht undienlich für dieselbe/ denn Nouvellisten auch nicht nachtheilig

lig oder schädlich seyn solte/ wenn sie jemand hätten/ der nicht allein alle Wochen das vornehmste und wichtigste was einkomen/ in gute Ordnung: sondern auch in geschickt Latein versetzte/ so viel immer möglich und sich bequem schicken wolte/ die in Curtio, Livio, Cæsare und andern auch neuen Scribenten, als dem Strada, Grammondo, Pastorio und dergleichen befindliche RedensArten zu gebrauchen/ je mehr und mehr sich angewehnete / damit solches alles etwas förmlicher als bißhero geschehen/ heraus käme. Wenn nun ja nicht allemahl das vorgesetzte Spatium mit den Materien erfüllet werden könte/ an gewissen Orten mit Buchstaben und Zahlen einige Zeichen gemacht/ und auff dieselbe zum Schluß des Blats gesetzte Historische und politische Anmerckungen beygefüget würden; aus welchen der Hoffmeister oder Informator Gelegenheit nehmen könte/ bey version derselben/ wenn sie von dem Untergebenen geschähe/ weitere nützliche Discurse anzustellen. Es ist nicht ohne/ dieser Vorschlag wird vielen nicht übel gefallen können / aber solte was rechts darinn gethan werden/ so müste weder Käuffer noch Verleger das Geld ansehen/

denn

denn wer an solche Arbeit sich wagen/ und so vielen Vornehmen damit gefallen wollen/ der müste von dergleichen Sachen einen guten Vorrath und Erfahrenheit haben/ sich auch also zu verhalten wissen / daß niemand offendiret würde/ oder er/ wenn der Leser gern specialiora zu tractiren verlangen wolte/ darinnen sich also zu verhalten könte/ daß er nirgends impingirte/ und sich in Gefahr brächte/ wozu eine grosse Klugheit und Vorsichtigkeit erfodert wird; Aber daß wir wiederum zu unserm Zweg gelangen/ so haben dieselben ausser diesem allgemeinen bißher erzehlten noch drey andere hauptsächliche Nutzbarkeiten. Eines theils/ daß so wohl junge Leute/ als auch die zu ihrem Alter kommen/ und bey hohen Potentaten in ansehnlichen Diensten stehen/ aus den Nouvellen unterschiedene Consilia bemercken können/ wie dieser oder jener Minister eines grossen Herren sein dessein durch unterschiedene unvermerckte Wege auszuführen suche? durch welche Umbstände es vermerckt/ und wie ihm darinnen von andern entgegen miniret werde? desgleichen wie ein anderer eine etwas unglücklich geführte Sache wieder in ihren Stand zu bringen suche.

suche. Wie wieder ein anderer der seine Sache klüglich und wohl dirigiret/ durch einē võ ausserhalb unglücklich dazu kommenen Casum, darinnen verstöret und verwirret worden? Wie eine Sache die erst gantz glücklich geschienen/ durch eine/ dem Ansehen nach geringe Umbstånd gantz krebsgängig worden: dagegen eine andere Parthey mit welcher es sich vorerst gantz wiederwärtig angelassen/ zuletzt viel glücklicher zum Endzweg gelanget / als sie es je vermeinen können? Und Summa/ es mögen fast in Historien so viel und sonderbahre Exempla nit vorkommen/ als offters in denen Novellen zu lesen/ die man fleißig anmercken und eintragen kan. So gar auch die grosser Herren Cammer vorgesetzet sind/ finden darinnen dann und wann allerhand practicable Maniren/ wie Mittel zu erfinden/ die weder das Land noch jemand sonderlich bemerckt/ und dennoch ein grosses eintragen können/ womit ihrem Herrn und gantzen Lande zur Zeit der Noth könne an die Hand gegangen werden. Gewiß die Novellen sind eine Eröffnung des Buchs der gantzē Welt/ in welches ein jeder nunmehr sehen/ und sonder wenig Kosten darinnen lesen kan. Ich will hiebey

lē Stratagematum nicht gedenckē/
durch Novellen Kriege verhütet
ib da mancher glaubet/sein Gegē-
ch so mächtig/ ein Schwerd das
er Scheiden halte. Ich besinne
y/ was ich hiebevor angezogenen
esoldo bemerckt/daß nemlich der
yne nach der Jurischen Niederla-
g/welchen doch Gegentheil erhal-
Novellen ihm zuschreiben lassen/
egenheit gewonnen/daß der dar-
hsene Schaden nicht ein mehrers
zogen/ auch endlich gesagt; daß
endacium, wenn es noch auff we-
harren könte/ mehr als tausend
rth. Wiewoll der Nothlügen
eines wegen das Wort reden /
teinräumen wollē/ daß mit ver-
Wahrheit was böses zu verhü-
utes zu erhalten sey. Zum an-
auch die Novellen nicht wenig
ing der Genealogien, wie denn
/ daß die dies Natales emortuales,
rum derer Fürsten/Grafen auch
n ersten Stücken der berühmte-
ten wie sie Johannes Gualterius
rtis primæ Chronici Politici gesetzt

con-

continuirt und also vermehrter heraus gegeben werden möchten/ weil man darin nach dem Alphabet zeitiger als sonst in den Tabellen finden kan/ was man verlanget. Gleich wie man auch sonst ein jeder denen beyden dieser Zeit berühmtesten Leuten als Hn. Jacob Wilhelm im Hoff zu Nürnberg/ so die Noticiam Procerum Imperii herausgeben/ und Herrn Detlef Marco Fresen in dem Hollsteinischen so die Tabulas Genealogicas Tubingenses in solchen Stand wie sie vor itzund seyn gesetzet / und beyde biß A. 1685. die berühmtesten Geschlechter in Deutschland darinnen ausgeführt unsterblichen Danck abzustaten hat: so ist im Fall sie durch ihre gelehrte Hand diesen Wercken nicht weiter nachsetzen wolten/ fast kein ander Mittel/ dieselbe biß auff folgende Zeiten zu unterhalten/ als daß man aus denen Avisen und alle halbe Jahr herauskommenden Relationibus dieser löblichen Arbeit bey sich zu Hause nachsetze. Schließlich aber in der Historia ist bekand/ daß Novellen die gantze Zeit her derselben das erste Fundament gegeben. Denn was wolte der Autor des Diarii Europæi schreiben/ wenn er unter andern die Relationes Semestrales nicht hätte/ die beyde zu

Leip-

Leipzig und Franckfurt zur Zeit der Messen
herausgegeben werden: und woher wolten
die Autores so diese verfertigen/ allen Nachricht nehmen/ wenn ihnen nicht die Novellen zur Hand geschaffet würden. Aber davon
in folgenden ein mehrers.

CAP. IX.

Von beständiger Einrichtung der neusten Europäischen Geschichte des gegenwärtigen Seculi.

Die Relationes sind nechst den Novellen, wie gesagt/ das nechste/ aber eine
förmliche Historie dieses Seculi daraus zu haben / mögen sie nicht genug seyn/
nicht nur/ weil die meisten Acta publica daran fehlen / sondern weil auch die Materien
unmöglich schon in demselben ihre gezie-
mende Gestalt gewinnen können/ sintemahl
sie entweder monathlich concipiret / oder
doch alle halbe Jahr ediret werden/ und also
den rechten Ausgängen dessen was gesche-
hen/ nicht abwarten können. An den Leipzigern ist gewiß / daß aller möglichster Fleiß
daran gewendet/ uñ sie mit gutem Verstand
oder Judicio verfasset werden; Nur ist zu
bedauren / daß etwa Anfangs eine solche
Ord-

Ordnung bey demselben eingeführet wordē/ die nunmehr nothwendig beybehalten werden muß/da nemlich nicht nach denen Gegenden wo sich etwas zugetragen/ sondern nach den Monathen und Tagen die Sachen eingerichtet/ und also etwas durch einander stehen: die Franckfurter Relationes hingegen sind mehr nach den Orten des Landes wo sich die Sachen begeben/ordiniret/ und über das mit Marginalien versehen/ daß man sich bald darinnen finden kan; Aber der Stylus schmecket noch gar starck nach der ersten Materie der Novellen, und wäre zu wünschen/ daß bey ihnen ein solcher Verstand als bey denen Leipzigern adhibiret zu werden/ zu Anfang eingeführet worden; Jedoch ist zu beyden Theilen dieses das bequemste/ daß man binnen kurtzer Zeit auff einander was paßiret/ in solchen Relationen haben kan/ uñ nicht auff die andern Historischen Schrifften/ die insgemein alle zehn Jahr heran gebracht werden/ warten muß. Wie ich vernehme/ ist Herr May/ Professor zu Durlach der Autor der Lateinischen halbjährigen Relationen, die man Zeit A. 84. zu Franckf. herauszugeben angefangen/ selbige ist nicht zu leugnen daß sie wohl abgefasset/ und so sie
der-

dermaſſen continuiret werden ſolten/ wird
man in dieſem ſtück hinfüro glücklicher ſeyn.
Aber zu wünſchen/ das die Herrn Verleger/
diß noch dran wenden wolten/ daß derſelbe Autor nach und nach auch etwass zurück
gehen/ und von A. 70. wo des Breueri, oder
wohl gahr 60. wo des Thuldeni Hiſtoria zu
ende gehet/ aus denen Franckf. und Leipziger Relationen, dann und wann auch aus
des Schultzens Continuation dergleichen
Relationes Semeſtrales in Lateiniſcher
Sprach verfertigte/ und von ſolchem Reſt
von Meſſen zu Meſſen darneben heraus gebe
ſo könte man ſich derſelben/ im fall Herr
Kinckius umb Fortſetzung des durch ihn angefangenē Wercks weiter nit bekümern wolte/ ſtat der Continuation der Wercke Brachelii
Thuldeni und Breueri nützlich gebrauchen.
Etwas formlicher als die Teutſchen Relationes, hatten nachgehends eingerichtet
werden können etliche Chroniquen nahmentlich / die gedächten Continuationes
Schulzii, welchen man ſo weit das Lob geben kan/ daß ſie beſſer als der Anfang: Aber
es ſcheinet ſie hätten noch eine beſſere Form
gewinnen können als ſie bißher gehabt. Erſt
ſtehen die Materien ſo übel vermängt durch
ein

ein ander / daß welcher daraus ersehen will was in diesem oder jenen Königreich zu gewissen Jahren paßiret / viel Blätter unnöthiger Weise durchlauffen einen Extract machen / und wen solcher fertig / dennoch befinden muß daß die Sachen ins gemein sehr seltzam zusammen hangen / und das Werck wenn alles beysammen in Ordnung stunde kaum über die Helffte des Buchs erwachse solte. Zu dem wird auch in Erzehlung der Dinge nach dem sie wichtig oder von schlechter Consideration keine Proportion gehalten/ die Feyr der Geburths-Tage / die Processiones auff den Begrabnissen / die Einzüge grosser Herrn / ja wohl auch Brand zu Gardelegen sampt andern dergleichen Dingen werden mit solcher Weitläufftigkeit offt erzehlet / als wens wichtige Kriege wären; will nicht sagen daß die Hinrichtung oder Verbrechen der Maleficanten oder was sich sonst hie und da Merckwürdiges zugetragen / mitten unter andere Sachen gesetzt/ und nicht biß zuletzt verspahret; ja wol gar in Erzehlung der Dinge viel mahl was sich eher begeben hat hernach: und was gefolget vorher erzehlet und die Victorien unterschiedliche mahl vor der Schlacht gesetzet worden;

ben; Wannenher denn auch das Werck von dem Herrn Joh. Christ. Beckmann Not. Geogr. cap. 1. §. 7. diese Censur meritiret hat daß er schreibet: Gothofridi Schulzii Chronicon & Librum kurtze Welt-Beschreibung confusam pariter & nævosam notitiam non male dixeris; Nec levis lapsus paulo post Principium est, Peruviam Chinam Brasiliam pro insulis ab eo haberi: neqnid alia ejus adducamus. Wenn noch das Diarium Europæum continuiret würde/ wolten wirs in der Teutschen Historie noch zu vollkommernWercken zuschreiten aller nechst diesen bißher angezogenen setzen; Sintemahl nicht ohn/ daß in demselben von Monath zu Monath/ ja auch wol von Zeit zu Zeiten von Tag nach Tagen was hie und dort vorgangen mit grossem Fleiß erlehlet/ und was inzwischen sonst nachrichtlich von dergleichen Dingen außgangen/ in dem Appendice mit nicht wenigen kosten angefüget worden: Aber was soll man sagen? der Jahre werden mehr/ und mit demselben häuffen sich dessen Theile/ die kosten deß Verlags wachsen sonder zweifel hinan/ und unter denn Kauffern wurde der Geld Mangel immer grösser; Jemehr sich die Zeiten verschleichen je weniger

ger achtete man auch die Particularia von geringer Erheblichkeit/ die darinnen so Mühsam erzehlet/ und viel grösserem Verdruß und Verlust der Zeit nachgelesen werden. Ich sorge/ wenn man die ersten Theile deß Theatri Europæi je länger je weniger wird haben können/ und mit dessen je länger je grösser herzu wachsenden Theilen fielen die Kosten zu schwer/ und die Zeiten zu kurtz werden/ so viel Folianten wegen so wenig verflossenen Jahre zdurchzulesen/ es werde auch mit diesem Werck endlich zu seinem Alter kommen und selbiges dahin sterben. Die Politici observiren wenn denen Reichen der Welt endlich gar zu viel Länder zu wachsen/ daß selbige endlich ihrer eigenen Last und grösse halber zu verfallen pflegen. Ich wolle dieses fast auch von denen grossen und weitläufftigen Historischen Schrifften sagen/ die endlich zu einer so grossen Last erwachsen müssen/ daß niemand wenn die ersten Theile sich verschlichen das Werck wieder aufflegen/ und also die gar zu weitläufftig angefangene und mit allen Umbständen ans Licht gestellete Historie wiederum in eine Finsterniß dahin versincken dürffte; was wird es über 100 Jahr von nöthen seyn/ daß

man

man alle Land-Tags außschreibungen alle Particulir angeschlagene Sachen und Mandata bevoraus wenn alles in weit andern stand sich wird verwandelt haben/ wieder von neuen durchgehe und überlesen? was wird es/ sag ich von nöthen seyn/ daß man über hundert Jahr und länger her die Specificationes noch habe von denen Generals-Personē und Obristen die dis und andere Jahre bey dem Feldzug gewesen? was für Partheien hie und da an einander gerathen/ welche mit Nahmen und wie viel gefangen worden? Wie man von Tag zu Tag in den Belagerungen/ dieser oder jener zumahl kleinen Städte sey näher kommen? wie viel Tonnen Pulffer unter die Minen gesetzt wie viel Batterien gemacht? Mit was Conditionem man accordiret? was für Beute man bekommen? wie man denn Einzug gehalten? was für Freuden Bezeigungen geschehen? was hie und da bey denen so interesse davon gehabt für Dancksagungen gehalten worden? mit was Pracht hie der General/ oder an andern Orthen ein grosser Herr eingezogen/ oder beerdigt worden? wie man weiter fort gemarchiret/ wie man die Armee vertheilet/ wie viel Stücken wieder vor einen andern Ort gebracht wie viel hülffs Völcker dieser oder jener bekommen? Alles dieses alles mit einander wird über hundert Jahren die Nach-Welt so haarklein und nach allen Umständen nicht verlangen zu wissen/ viel weniger wenn andre Zeiten dazu kommē

Belie-

Belieben haben so weitläufftig nachzulesen.
Gewiß welcher etwas schreiben will das lange bestehen soll / muß ihm itzt schon die Zeiten so weit vorhinaus setzen / und dieselbe wohl betrachten wie sie möchten beschaffen seyn / da man von seinen Schrifften noch gerne etwas solte lesen mögen. Ich sehe wohl daß ein berühmter Scribent vorm Jahr in 4to alle Geschichte dieses Seculi biß itzt in einer kurtzen Schrifft verfassen wollen; Aber dieselbe behandelt noch vielweniger als von Brachelio Thuldeno und Breuero geschehen; ware vielmehr nöthig da in nechst genandter Schrifft ein Jahr zu Zeiten 2. biß 3. quart=Blätter allein aus machet: solches nach den Titulo aller Reiche eingerichtet / und was zusammen darinnen merckwürdig passiret / auff 4. 5. biß 6. Bogen gebracht wurde. Nunmehr aber stehet die Sache mehrentheils bey den Buchhändlern / welche theils für sich æstimiren wobey der meiste profit zu haben / und weniges denen Gelehrten überlassen / was zu schreiben nützlich oder nöthig seyn möchte. Aber was soll man auch von ihnen sagen? sie mussten sich nach den Käuffern richten / es neiget sich alles nach und nach zum Seculo ignorantiæ, und die Welt verlanget auch nunmehr was bessers nicht; der Bücher werden endlich zu viel; zu viel bringet zuletzt den Eckel.

Hierauff folget nun kurtz/ doch gründlich ein Summarischer Entwurff der vornehmsten Reiche und Länder in Europa/ auch was in denselben biß hieher zu bemercken.

Das I. Capitel.

Von Spanien.

Spanien war in alten Zeiten in verschiedene mittelmässige Staaten/ dero keiner von dem andern dependiret/ getheilet/ dergleichen Zustand sich auch in den meisten andern Ländern befand. Durch welche Vertheilung aber diese sonst streitbahre Nation bequem ward/ von auswärtigen Feinden bezwungen

gen zu werden. Und wurde Anfangs von den Römern immer ein Theil nach dem andern eingenommen/ biß endlich gantz Spanien dem Römischen Reiche einverleibet worden. Nachgehends umb das Jahr Christi 410. nahmen es die West-Gothen ein/ welche sich mehrentheils zur Christlichen Religion bekenneten. Aber A. 714. kahmen die Mauri aus Africa, und machten sich fast das gantze Land unterwürffig. Wiewol die Christen wurden dieses Joch bald überdrüssig/ und suchten nach und nach die Heyden wieder heraus zu schlagen. Und weil nun einer hier/ der andre da sein Heyl versuchte/ ward das Land in viel Königreiche abgetheilet/ welche noch anitzo in des Königs Titul ordentlich erzehlet werden.

§. 2. Endlich kam ein Königreich zu dem andern/ biß das meiste in Castilien und Arragonien bestund. Da fügte sich nun das Glück/ daß Henricus IV. König in Castilien (zugleich aber auch ein rechter Schandfleck dieser Krone) A. 1474. keinen Erben als seine Schwester Isabellam hinterließ/ und solche an Ferdinandum V. oder Catholicum, König in Arragonien vermählet wurde/ durch welche

che Heyrath an Spanien groß Glück und Macht erwachsen/ unter dessen Regierung es auch zu der Höhe gestiegen/ davon es seithero dem übrigen Europa Furcht oder Abgunst erwecket. Dieser Ferdinand befliß sich äusserst alle die Unordnungen abzuschaffen/ die bey der vorigen verwirreten Regierung waren eingerissen. Es ist auch von diesem Ferdinand die so genannte Spanische Inquisition in Castilien eingeführet worden An. 1478. Anfangs zwar wieder die Mauros und Juden/ die zum Schein die Christl. Religion hatten angenommen/ und nachmahls wieder zu ihrem alten Aberglauben gekehret waren. Welches ein erschrecklich und von andern Nationen verflucht gericht ist; Als vermittelst welches eines jeden Leib/ Gut und Ehre der Gewalt der unbarmhertzigen Pfaffen unterworffen ist/ welche sich auch unmenschlicher Strenge einen sonderbahren Ruhm suchen; und da man aus leichter Muthmassung/ oder fälschlichem Angeben/ ehe man sichs versiehet/ beym Kopffe kan genommen werden/ daß man weder sein Verbrechen/ noch seine Ankläger weiß/ und da man Haare lassen muß/

wann

wann auch gleich die Unschuld an Tag kommet. Nachdem er nun die Sachen im Reich in Ordnung gesetzet/ auch A. 1479. die Regierung in Aragonien bey Absterbung seines Vaters angetreten/ nahm er einen Zug vor wieder die Mauros, der biß in das zehende Jahr währete/ wodurch auch zugleich die Herrschafft der Maurer in Spanien zu Grunde gieng/ so über 700. Jahr gestanden.

§. 3. An. 1494. entdeckte Christophorus Columbus ein Genueser Americam / nachdem er vorhin mit seinem Vorschlag vom Könige in Portugal und Engelland höhnisch war abgewiesen worden / auch am Castilianischen Hofe sieben Jahr umb Mittel selbige Reise fürzunehmen/ angehalten hatte: Und brachte man endlich 17000. Ducaten auf drey Schiffe auszurüsten/ aus welchem geringen Capital so ungeheure Conquesten und Reichthumb an Spanien erwachsen sind/ dadurch es Mittel bekommen nach der Ober-Herrschafft über Europa zustreben. Mit was für leichter Mühe aber die Spanier solcher grossen Länder sich bemächtiget/ auch wie Unmenschlich sie mit den armen, unschuldigen Leuten umbgesprunsprungen/ fällt zu weitläufftig allhier zu erzehlen. Es entzündet sich aber eben in selbiger Zeit zwischen Spanien und Franckreich ein Kriegs-Feuer/ woraus bißhero Europä unsäglich Elend entstanden ist/ nachdem selbige zwey starcke und streitbahre Nationen von dem innerlichen Ubel/ dadurch sie auf frembde Sachen zu gedencken waren verhindert worden/ sich befreyet/ und die Frantzosen von den Engelländern/ die Spanier aber von den Maurern sich entschüttet hatten. Dieser kluge König/ nachdem er durch den Krieg/ welchen er mit Carolo VIII. König in Franckreich im 1494. und nachfolgenden Jahren geführet/ und der Kron Spanien dadurch ein grosses zugewachsen/ starb An. 1516.

§. 4. Ihm folgete sein Tochter-Sohn Carolus, unter den Käysern der Fünffte genannt/ (weil er An. 1519. die Käyserliche Crone darzu erlangte/ sonsten aber unter den Spanischen Königen dieses Nahmens der erste war) welcher sich stracks der Regierung gäntzlich annahm/ weil seine Mutter Joanna/ der eigentlich das Reich zukame/ zum Regiment untüchtig war. Dieser Herr/

dem keiner nach Carolo Magno in Europa an Macht übergangen/ hat seinen Lebens-Lauff meistens mit Reisen und Kriegen zugebracht. Was insonderheit zwischen diesem Käyser/ und dem Könige in Franckreich Francisco I. vorgelauffen/ solches sol kürtzlich in die Frantzösche Historie gemeldet werden. Und gewiß Carolus der Fünffte hätte das Käyserthumb seinem Sohne Philippo II. leicht zuwenden können/ wenn er nicht vor der Zeit seinen Bruder Ferdinandum I. zum Nachfolger bestätigt hätte. Also geschahe es/ nachdem Carolus V. abgedanckt/ und 1558. im Closter gestorben war/ daß sein Sohn nur in den Spanischen und andern darzu gehörigen Provintzen succedirte/ da inzwischen Teutschland durch eine abgesonderte Linie regieret ward.

§. 5. Ob nun wol von langer Zeit her zwischen Spanien und Franckreich keine beständige Freundschafft war gehalten worden/ so gab sich doch bald bey Antritt Philippi II. eine neue Ursach hervor. Der Pabst Paulus IV. that einen Fürsten von Columna in den Bann/ damit er seinen Vettern dadurch bereichern könte. Allein die Columneser suchten

ſuchten bey Spanien Hülffe: Hingegen der Pabſt ſahe auff Franckreich/ und bekam Hülffe. Damit blieb der Krieg nicht in Italien; Sondern zog ſich ferner in Niederland und in Franckreich/ wie denn Philippus II. in eigner Perſon S. Quintin in Piccardien belagerte/ und einnahm A 1557. Und weil er in der Belägerung S. Laurentii Cloſter nothwendig verderben müſte/ ließ er dem Laurentio zu Ehren das weltberühmte Eſcurial mit unſäglichen Unkoſten bauen/ welches nunmehr An 1671. durch einen unglücklichen Brand meiſtentheils eingeäſchert worden.

§. 6. Doch nach ſolcher Feindſchafft ward zwiſchen beyden Cronen A. 1559. zum Lambreſi in einem Schloſſe/ nicht weit von Lamerach in Niederland/ ein vollkommner Friede geſchloſſen/ alſo daß Philippus II. in Spanien Henrici II. in Franckreich Tochter ſich vermählen ließ. Wiewol dieſe Vertrauligkeit bekam bald einen ziemlichen Stoß; Denn weil Carolus V. als Käyſer vor dem Könige in Franckreich die Oberſtelle gehabt/ ſo wolte nunmehr Philippus II. nicht weichen/ und fieng durch ſeine Geſandten auf

auf dem Concilio zu Trident 1563. einen solchen Præcedentz-Streit an/ welcher weder dazumahl/noch in folgender Zeit/hat können verglichen werden.

§. 7. Als An. 1579. König Henrich von Portugal starb/ thäten verschiedene Ansprach auf selbige Crone/ worunter auch Philippus war/ als gebohren von Isabellen/ König Emanuels von Portugal Tochter/ welcher sein Recht durch den Degen ausführete/ und vermittelst einer Armée unterm Hertzog von Alba selbiges Königreich einnahm/und Antonium den Unechten/der sich für einen König auffgeworffen hatte/verjagte/ welcher in Engelland/ und ferners in Franckreich entwiech/ und An. 1595. zu Pariß im Elend starb. Nur die Insul Tercera opiniatrirte/ welche die Frantzosen entsetzen wolten/ so aber von den Spaniern gäntzlich vernichtet worden. Und auf diese Weise ward Philippus Meister von Ost-und West-Indien/ der zweyen Brunnen des Reichthumbs in der Welt. Welches aber abzuzapffen Franckreich/ Engelland und Holland schon Mittel gefunden. Inmassen Philippus selbst auf dem Todtbette bekennet/

daß

daß er auf den Krieg wieder die Niederländer 564. Millionen Ducaten angewendet. Und kan wol seyn/ daß er auf Vertrauen dieses Reichthums seinen Ehrgeitz allzuweit ausgebreitet/ und sich in mehr Händel gemenget/ als ihm dienlich war. Er starb An. 1589.

§. 8. Philippus II. hinterließ seinen Sohn Philippum III. welcher das Hauß Oesterreich noch tieffer hinein bracht/ indem er in seinen letzten Tagen seine Tochter Isabellam Claram Eugeniam an Ertz-Hertzog Albert An. 1599. vermählete/ und ihr/ an statt der Morgengabe/ das gantze Niederland zu erkennete. Und diese Princeßin wolte ihr Heyl an dem festen Hafen Ostende versuchen: Doch nachdem die Belagerung 1601. angefangen war/ und unzehlich viel tausend Menschen inner und ausserhalb geblieben waren/ kunten sie doch kaum nach dreyen Jahren die Ubergabe erhalten. Philippus III. starb An. 1622.

§. 9. Dessen Sohn Philippus IV. stellete im Anfang seiner Regierung eine Reformation an seinem Hof an/ indem er des Duc de Lerma, so unter seinem Vater alles vermocht/

mocht/ Creaturen abschaffete. Er selbst diesen Fall befahrende/ hatte sich vorhin lassen zum Cardinal machen/ damit man ihme nicht möchte nach der Gurgel greiffen. Mit Anfang von dieses Königs Regierung entzündete sich nach Verfliessung des Stillstandes der Krieg mit Holland wieder/ darinn An. 1622. Spinola die Belagerung von Bergen op Zoom muste auffheben/ weil Hertzog Christian von Braunschweig/ und der Mannsfelder/ nachdem sie sich bey Fleury mit den Spanien herum geschlagen/ den Holländern zu Hülffe kamen. An. 1628. ertappete Peter Heyn die Spanische Silber-Flotte/ und bekam über 12. Millionen Gülden zur Beute darauff. An. 1648. machten die Münster die Spanier/ wiewol mit ihren Verlust/ mit den Holländern Friede/ und erklärten sie für ein Frey-Volck/ auff welches sie nichts zu prætendiren/ überliessen ihnen auch alle Plätze/ derer sie sich bemächtiget. Und wird gar gewiß dafür gehalten/ daß Spanien in diesem Krieg 1500. Millionen Ducaten sol angewendet haben. An. 1635. ward den Spaniern von Franckreich Krieg angekündiget/ in welchen zwar Anfangs

fangs die Frantzosen/ ohn angesehen sie eine formidable Macht beysammen gehabt/ gantz nicht ansehnliche Progressen thaten; folgends aber An. 1637. nahmen sie den Spaniern Landreſi ab. Doch wechselte das Glück solcher Gestalt in diesen Kriege ab/ daß die Frantzosen mehr Schläge als Beute bekamen.

§. 10. Anno 1639. wurde durch Conte Duca d' Olivarez die Freyheit der Catalonier dermassen eingezogen/ daß sie auch dadurch endlich in öffentlichen Auffruhr ausbrachen/ und die Spanier ausjagten. Suchten darauff Rückenhalt bey Franckreich/ und ergaben sich endlich gantz an selbiges/ nachdem die Spanier mit ihrer Grausamkeit ihnen alle Hoffnung der Gnade abgeschnitten. Und hatten die Spanier eilff Jahr zu thun/ ehe sie Catalonien wieder bekamen. An. 1640. that Spanien der Abfall von Portugal noch einen viel grössern Stoß / und obgleich die Spanier in Portugal einfielen/ auch ein und andern Platz wieder eroberten/ wurden sie doch verschiedentlich tapffer geklopffet. Philippus starb An. 1665.

§. 11. Ihm folgete sein Sohn Carolus II.
ein

ein Kind von vier Jahren/ unter Vormundschafft seiner Mutter/ die zwar den Krieg gegen Portugal schläfferig fortsetzete/ aber endlich An. 1668. durch Vermittelung von Engeland auch diesen muste Friede gönnen/ und selbige Crone verlohren geben/ weil damals Franckreich in Niederland schrecklich haußhielte. Denn es machte der König in Franckreich im Nahmen seiner Gemahlinn eine Prætension auff Niederland/ fürwendent das Jus Devolutionis, Krafft dessen die Kinder aus der ersten Ehe alles erbeten/ was bey währender Ehe von dem Vater wäre erworben worden/ also daß die Kinder aus der andern Ehe sich keines Rechtes anmassen dürfften. Nun aber wäre Niederland An. 1599. der Isabella Clara Eugenio übergeben worden/ biß diese Provintzen 1633. eben da der Königinn Frau Mutter noch gelebet/ durch derselben Todes-Fall wieder an Spanien kommen/ und gleichsam auff das neue wäre erworben worden. Ob nun wol solch Recht mehr von Privat-Gütern/ als von den Fürstenthümern selbst zu verstehen war/ gieng er doch An. 1667. mit bewehrter Hand hinein/ und bemächtigte sich vieler ansehnlicher

cher Oerter/biß An. 1668. zu Aken Friede gemacht/ und der Frantzose bey den meisten eingenommenen Plätzen gelassen ward.

Das II. Capitel
Von Portugal.

§. 1. Portugal/ so das meiste begreifft von derjenigen Provintze/ welche die Römer Lusitaniam nenneten/ ist mit dem übrigen Spanien unter dem letzten Gothischen König Roderico in der Maurer Hände gefallen/und lange Zeit von ihnen beherrschet worden. Nachdem aber umb das Jahr 1093. Alfonsus VI. König von Castilien und Leon sich mit aller Gewalt wieder die Maurer rüstete/ auch von fremden Orthen Hülffe ruffete/ kam unter andern auch sich in solchem Kriege brauchen zu lassen Henricus, von dessen Stamm die Scribenten uneinig sind. An diesen Henricum verheyrathete König Alfonsus VI. seine unechte Tochter Theresiam zur Belohnung seiner erwiesenen Tapfferkeit/ und gab ihm zum Heyraths=Gut unter dem Titul einer Graffschafft dasjenige/ was die Christen damahl

damahl in Portugal besassen / jedoch mit dem Beding/ daß er ein Vasall vom Königreich Leon wäre/ auff dessen Reichs-Tagen erschiene / und in Kriegs-Zeiten mit 300. Pferden Dienste thät. Dieser Henricus starb An. 1112. hinterlassende einen Sohn Alfonsum, in noch zartem Alter/dessen Land sein Stieff-Vater Ferdinand Pacz/ Graff von Trastamara; denn seine unzüchtige Mutter geheyrathet / bey dessen Unmündigkeit sich angemasset. Als er aber erwuchs/ ergriff er die Waffen wieder den Stieff-Vater/schlug und verjagte ihn aus Portugal/ die Mutter aber setzte er ins Gefängniß. Welche Alfonsum VII. König von Castilien zu Hülffe ruffete / mit Versprechen ihme Portugal zu geben/ und ihren Sohn zu enterben. Aber Alfonsus von Portugal schlug die Castilianer in einer Schlacht / und gab vor/ er sey durch diesen Sieg von der Castilianer Ober-Herrschafft befreyet worden/ An. 1126. Dieser Alfonsus nahm An. 1139. einen Zug wieder den König Isinar/ so jenseit des Tajo sein Reich hatte/welcher noch mit fünff andern kleinen Maurischen Königen gegen ihm angezogen kam. Allda Alfonsus im

Lager

Lager für einen König ausgeruffen ward/ umb sowol ihn als die Armee/ desto freudiger zu machen/und gewann er darauff einen herrlichen Sieg/ und bekam der fünff Könige ihre Leib-Fahnen/weswegen er fünff kleine Schild in das Portugisische Waapen setzte/ und von dato sich einen König tituliren ließ. Dieser Alfonsus, nachdem er sein Reich sehr erweitert und berühmt gemacht/ starb im 91. Jahr seines Alters An. 1185.

§. 2. Ihm folgete sein Sohn Sanctius I. der viel Städte auffgebauet/ und Volckreich gemacht / nahm auch dem Maurern die Stadt Salva ab mit Hülffe einer Niederländischen Flotte/ so nach dem Krieg ins heilige Land reisete. Hatte sonst die gantze Zeit seiner Regierung viel mit den Mauris zuthun/ und starb An. 1212. Ihme folgete sein Sohn Alfonsus, der andere dieses Nahmens / mit dem Zunahmen Crassus, von dem nichts merckwürdiges zu melden/ohne daß er durch Hülffe der nach dem Heil. Land reisenden Niederländer den Maurern die Stadt Alcassar abgenommen. Starb An. 1223. Ihm folgete sein Sohn Sanctius II. zugenahmet Capellus, dem wegen seiner Fahrlässigkeit/
und

und weil er sich von der Frau regieren ließ/ die Portugesen die Verwaltung des Reichs nahmen/ und an deſſen Bruder Alfonſum übergaben. Und ſtarb Sanctius An 1246. zu Toledo im Elend. Von dem die Portugeſen anmercken/ daß unter allen Königen in Portugal dieſer allein weder echte noch unechte Kinder hinterlaſſen. Sancti Bruder Alfonſus III. verließ ſeine Gemahlin Mathildis Gräffin von Boulogne, wegen Alter und Unfruchtbarkeit/ und heyrathete wiederum Beatricem Alphonſi X. Königs von Caſtilien Tochter/ mit welcher er zum Heyraths-Gut Algarbien bekame/ wiewol der Pabſt wegen Verſtoſſung der vorigen Gemahlinn ihnen und das gantze Reich in Bann that. Hat ſonſten ſein Reich wol regieret/ und mit vielen Städten vermehret. Starb An. 1279.

§. 3. Von deſſen Sohns Dionyſii Tugenden/ und ſonderlich von ſeiner Gerechtigkeit/ Freygebigkeit und Warhafftigkeit wiſſen die Portugeſen viel zu rühmen/ inmaſſen er auch das Reich mit vielen Gebäuen und Stifftungen gezieret/ worunter die Academie zu Coimbra iſt. Und haben die Portugeſen ein Sprichwort von ihm: El Rey D. Denys,

Denys, qui fiz, quanto quin: Der König
Dionyſius, der alles that/was er wolte. Er
ſtarb An. 1325. Sein Sohn Alfonſus IV. mit
dem Zunahmen der Tapffere/ hat in Friede und Krieg ſonſt gut Lob gehabt/ ohne daß
er ſeinen unechten Bruder/ ſo vom Vater
und gantzem Volck ſehr geliebet ward/ un-
billig verfolgete/und aus dem Lande jagete:
Auch daß er D. Agnes de Caſtro, eine ſehr
ſchöne Dame, mit welcher ſich ſein Sohn
Petrus heimlich verheyrathet/ermorden ließ/
wordurch Petrus erzürnet wieder den Vater ſich empöret/ und groſſen Schaden that/
biß endlich die Sache verglichen ward. Er
ſtarb Anno 1357. Deſſen Sohn Petrus wird
ins gemein Crudelis zugenahmet/ wiewol
viele deſſen Strengheit als ein Lob auslegen/
weil er nur ſo hart über der Juſtiz gehalten/
und die Verbrecher ohne verſchonen abge-
ſtraffet. Er ſtarb An. 1368. Deſſen Sohn
Ferdinand diſputirte Henrico dem Unechten/
ſo ſeinen Bruder Petrum Crudelem, König
in Caſtilien/ umgebracht/ die Cron Caſtili-
en/aus Vorwand/weil ſeine Mutter Beatrix
Sanctii IV. Königs von Caſtilien Tochter
war. Inmaſſen auch verſchiedene Groſſen

B und

und Städte von selbigen Reiche sich an ihn ergaben/ dardurch er in schweren Krieg wieder gedachten Henricum verfiele/ und weil dieser ihme weit überlegen war/ kunte er seine Prætension nicht durchtreiben/ und muste mit Henrico Friede machen. Aber An. 1373. gieng der Krieg zwischen diesen beyden wieder an/ und lieff es auff Ferdinandi Seite nicht gar zu wol ab/ indem Henricus in Portugal einfiel/ und ohne Wiederstand weit und breit grassirte. Nach Henrici Tod machte Ferdinand Friede mit dessen Sohn Joanne, welchen aber der Portugise bald wiederum brach. Dieser Ferdinand, so mit seinen Kriegen dem Reiche viel geschadet/ starb An. 1383. und mit ihm gieng der echte Stamm der Könige von Portugal aus.

§. 4. Nach Ferdinandi Tod gab es in Portugal grosse Veränderung/ und waren die meisten Portugisen übel zufrieden/ daß sie unter der ihnen so verhasseten Castilianer Gebiethe kommen solten. Zwar war es in den Heyraths Pacten zwischen König von Castilien und Beatrix, Ferdinandi Tochter/ abgeredet/ daß dero Mutter Eleonora die Regierung in Portugal so lang führen solte/
biß

biß der aus selbiger Ehe gebohrne Erbe zu mündigen Jahren gelangete. Aber diese Eleonora machte sich sehr verhasset wegen der allzugrossen und verdächtigen Gnade des Grafen von Andeira, der bey Hofe alles thäte. Weßwegen Joannes Königs Petri unechter Sohn / ihn heimlich ermordete / wodurch die Liebe des Volcks gegen diesen Joannem, und der Haß gegen die Königliche Wittib sehr zunahm. Indem nun nicht alle in Portugal einig waren / baten einige den König von Castilien / er möchte sich der Cron Portugal annehmen. Da er auch nach langen Zaudern / und ein solch Königreich in Possession zu nehmen / gantz unbewehrt in Portugal anlangete / trat ihm die Schwieger=Mutter das Regiment ab / er aber fund wenig Affection bey den Portugiesen. Jedoch fielen ihm verschiedene Grossen / und Städte zu / die meisten aber aus Abscheu für dem Castilianischen Joch erwählten zu ihrem Anführer Joannem den Unechten /. einen klugen / tapffern / und beym Volck beliebten Mann. Die Castilianer belagerten Lisabona / musten aber unverrichter Sache wiederum abziehen. §. 5. Im

§. 5. Im Jahr 1385. erklärten die Portugisen gemeldten Joannem für ihren König/ der mit gutem Muth die meisten Oerter/ so es mit Castilien hielten/ zu Gehorsam brachte/ und da die Castilianer mit einer Armee in Portugal giengen/ schlug sie der neue König auffs Haupt/ welchen Sieg die Portugisen noch jährlich feyren sollen. Worauff die übrigen Städte ohne Weitläufftigkeit an den neuen König ergaben. An. 1399. wurde ein ewiger Friede zwischen diesen beyden Cronen geschlossen / und hat also Joannes die Cron Portugal glücklich behauptet/ und löblich regieret. Er starb An. 1433. und wird sein Gedächtniß von den Portugisen hoch gehalten. Dessen Sohn Eduard ein Tugendhaffter Herr/ regierte nicht lange/ und war Portugal unter ihm mit der Pest sehr geplaget/ davon er auch selbst von einem Brieff angestecket starb Anno 1438.

§. 6. Eduardi Sohn Alfonsus V. war nur sechs Jahr alt / zu dessen Vormund zwar die Mutter gesetzet war: Aber weil die Städte sich von einem auswärtigen Weibe nicht wolten regieren lassen/ ward die Verwaltung des Reichs Eduardi Bruder

der Don Petro Hertzog von Coimbra auffgetragen. Welcher aber einen schlechten Lohn für seine Mühe bekam/ indem er beym neuen König fälschlich angegeben/ und umgebracht ward. Alfonsus V. war sonst ein behertzter Herr und guter Soldat/ bey dessen Zeiten die Portugisen verschiedene Plätze auff der Küste von Africa eingenommen. Er starb An. 1481. Ihm folgte sein Sohn Joannes II. gegen welchen eine gefährliche Conspiration obhanden wäre/ die aber/ als sie entdecket ward/ nebenst vielen andern auch das Leben kostete Ferdinando Hertzog von Braganza, und Jacobo Hertzog von Viseo, den der König mit eigner Hand erstach. Dieser Joannes hat den Weg bereitet zur Schiffart nach Ost-Indien: ehe aber diese Reise völlig ins Werck gestellet ward/ starb er Anno 1495. ohne Leibes-Erben zu verlassen.

§. 7. Joanni II. folgte sein Vetter Emanuel, Ferdinand Hertzog von Viseo Sohn/ Königs Eduardi Enckel. Diesem erregte Käyser Maximilian einen Streit wegen der Succession, weil seine Mutter Leonora, Königs Eduardi Tochter gewesen war. Allein daß Volck erklärete sich für Emanuel/ dessen schöne Gemüths und Leibes-Qualitäten ihn auch bey jederman beliebt machten. Unter diesen König stieg Portugal zu der höchsten Stuffe seiner Glückseligkeit/ in dem die Reise zu Wasser umb Africa/ worzu der vorige König Anstalt gemachet/ nunmehro völlig ins Werck gestellet worden. Und hiedurch ist Portugal unsäglich Reichthum zu geflossen/ so daß auch die Portugisen selbst dieses König Emanuels Regierung die güldene Zeit zu nennen pflegen. Er starb An. 1521. Ihm folgte sein Sohn Joannes III. unter dem diese Glückseligkeit continuirte / und starb An. 1557.

§. 8. Joanni III. folgte sein Enckel Sebastian/ ein Kind von drey Jahren/ dessen Vormund oder Cardinal Henrich seines Vaters Bruder war/ weil die Großmutter sich von dieser Last entschuldiget hatte. Durch dieses jungen Herrn allzu grosse Hitze hat Portugal einen solchen Stoß bekommen/ daß es auff einmahl von der Spitze seiner Glückseligkeit herunter gestürtzet. Gleichwie aber dieser großmüthige Herr auff nichts anders als auff Krieg dachte ; Also blieb er auch selbst nebst zween Könige An. 1578. in einer

einer Schlacht. Dem folgete sein Vater Bruder Henricus der Cardinal/ ein abgelebter Mann/ bey deſſen Regierung nichts anders vorgefallen/als daß man wegen seiner Succeſſion diſputiret hat. Aber nachdem er An. 1580. mit Tode abgieng/ vermeinte Philippus II. König in Spanien/ es wäre der kräfftigſte Weg zu diſputiren / wenn er die Waffen zu Hülffe nehme. Und weil er merckte/ daß das Volck Antonio, König Joannis III. Sohn/ Ludovici de Beya unechten Sohns/ aus Haß gegen die Caſtilianer sehr geneigt war/ ſchickte er den Hertzog von Alba mit einer groſſen Armée in Portugal/ der Antonium verjagte/ und des gantzen Königreichs binnen wenig Tagen ſich bemächtigt. Wie nun dieſes den Portugieſen ſehr ſchmertzlich vorkam / daß ſie unter die Gewalt der Caſtilianer verfielen / alſo iſt ihnen aus ſolcher Verknüpffung mit Caſtilien nachmahls groß Unheil erwachſen.

§. 9. Es haben aber die Portugeſen Anno 1640. das Caſtilianiſche Joch durch dieſe Gelegenheit abgeſchüttelt/ weil Philippus IV. den Portugeſiſchen Adel auffbot/ ſich deſſen wieder die Catalonier/ ſo kurtz vorher revoltiret/

zu

zu gebrauchen. Dann als diese die Waffen in die Hand auch Gelegenheit bekamen/ sich mit einander zu bereden/ und die Schwerigkeiten sahen/ darinnen damahls Spanien stack/ fasseten sie Muth sich von Castilien abzureissen/ und rufften für ihren König aus den Hertzog von Bragantza/ der sich Joannem IV. nennete/ dessen Großmutter auch mit Philippo II. wegen dieser Cron competence gehabt hatte. Worbey denn die Spanier einen heßlichen Irrthum begangen/ daß sie sich nicht beyzeiten gemeldten Hertzogs versichert/ der so einen scheinbahren Anspruch an selbige Crone hatte/ bey der Portuges. Nation in gutem Ansehen war/ und den vierdten Theil von Portugal als sein Eigenthum besaß. Und weil damahls Spanien mit schwerem Krieg gegen Franckreich/ Holland und Catalonien eingewickelt war/ hatten die Portugesen Zeit gnug ihre Sachen fest zu stellen. Machten auch mit den Holländern/ nachdem sie sich von Spanien abgerissen/ Friede mit Beding/ daß ein jeder solte behalten/ was er inne hätte. Anno 1656. sturb Joannes IV. und hinterließ das Reich seinem annoch unmündigen Sohn

Al-

Alfonso IV. welches seine Mutter mitler weile gar wol regierte. Als er erwachsen/ war er ein wilder und ungezogener Mensch/ der auch durch eine Kranckheit in der Jugend an Gemüthe und Leibe sehr geschwächet/ und zur Regierung und Ehestand untüchtig war gemacht worden. Anno 1666 riß er die Regierung seiner Mutter (die auch bald darauf starb/) an sich/ uñ verheyrathete sich an eine Princessin von Nemours aus dem Hause Savoyen. Welche aber/ nachdem sie 16 Monat ihm beygewohnet / sich in ein Kloster begeben / und begehret von ihm geschieden zu seyn/ An. 1667. nicht allein / weil Alfonsus zum Ehestand untüchtig war/ sondern auch/ weil er soll vorgehabt haben/ einen von seinen Mignions bey ihr schlaffen zu lassen / damit er durch einen Erben sich bey der Cron befestigen möchte. So war auch der Mißverstand zwischen dem König und seinem Bruder Don Pedro so hoch gestiegen / daß dieser meynete / es wäre umb sein Leben geschehen/ wo er nicht dem Bruder und seinem Favoriten zu vor käme. Weßwegen er den Adel und das Volck auff seine Seite brachte/ und Alfonsum zwang

die

die Verwaltung der Cron an ihn zu übertragen; Hingegen behielte sich Alfonsus vor 270000. Pfund jährliche Rente / nebest dem Hause Braganza mit allem zugehörigen. Es wolte aber Don Pedro nicht König heissen / sondern Regent von Portugal für seinen Bruder Alfonsum / als der zur Regierung untüchtig wäre: Heyrathete auch auff Begehren des Volcks mit des Pabsts dispensation seines Bruders Gemahl. Damit aber Alfonsus nicht Händel anfieng/ward er unter guter Verfahrung in die Insul Tercera geschickt. Und hat Don Pedro bißhero das Reich in zimlicher Ruhe und mit Vergnügung des Volcks verwaltet.

Das III. Capitel.
Von Engeland.

§. 1. Als Reich Britannien hat vorzeiten / wie man meynet / von tausend Jahren her / eigene Könige gehabt / biß endlich Julius Cæsar eine Römische Provintz daraus gemacht. Doch als die Käyserl. Gewalt in Occident abzunehmen begunte/ und die Britannier von den Schottländern hefftig angefochten wurden/ kamen die Angli und die Sachsen aus Teutschland zu Hülffe/ und machten sich endlich um das Jahr 495. das gantze Reich unterwürffig. Und diese gaben dem Lande einen andern Nahmen/ daß es nicht mehr Britannien/ sondern Engeland hieß. Hierauff brachte es Gregorius M. der Pabst ungefehr An. 590. dahin/ daß die Christliche Religion daselbst angenommen ward. Ja endlich ward Inas König der West-Sachsen in Engeland so andächtig/ daß er An. 727. auff Rom zog/ und ein gewisses Kopff-Geld von seinen Unterthanen bewilligte/ welches sie den Peters-Groschen nenneten. An. 1017. kamen die Dännemärcker und bemächtigten sich des Reichs. Da suchten die alten Könige bey den Normännern in Franckreich Hülffe/ und erlangten zwar solche: Doch musten sie den Normännern die Succession versprechen. Gestalt auch An. 1066. als Eduardus der letzte König aus den West-Sachsen ohne Erben verstarb/ Wilhelm aus Normandien in dem Königreiche succedirte. Also hatten die Engländischen Könige zugleich

gleich die Frantzösische Provintz Normandien/ und war dannenhero kein Wunder/ daß zwischen beyden Königen vielfältige Kriege geführet wurden/ biß Anno 1202. die Engländer aus der gantzen Landschafft getrieben und die Frantzosen wiederumb in der Besitzung ihrer Gräntze bestätiget wurden. Indeß währete der heimliche Haß/ biß An. 1327. eine neue Ursache ausbrach/ davon in der Historie von Franckreich sol gedacht werden. Und da war das Glücke so groß/ daß die Engeländer die Herrschafft über gantz Franckreich gleichsam in den Händen hatten. Nur ihre Uneinigkeit/ davon ich itzo melden werde/ machte alle Anschläge zu nichte.

§. 2. Anno 1377. starb Eduardus III. und hinterließ seines verstorbenen Sohns Sohne Richardo II. das Königreich: Die andern zwey lebenden Söhne wurden so abgetheilet/ daß Edmundus Hertzog zu Jorck ward/ und das Waapen der weisen Rose bekam/ hingegen Johannes das Hertzogthum Lycester und das Waapen der rothen Rose erhielt. Weil nun Richardus II. im Gefängniß An. 1399. von Henrico IV. aus der rothen Rose umgebracht ward/ erhub sich unter diesen

sen beyden Rosen/das ist/unter diesen beyden
Geschlechtern/ welche die Rosen führeten/ei-
ne solche Verbitterung/daß immer einer den
andern vom Throne stieß / und das arme
Reich fast alle Jahr mit Königlichem Blute
besudelt ward. Nach langem Streit behielt
Henricus VII. aus dem Hause Lycester die
Ober-Hand/ und nachdem er An 1485. zu der
Cron gelangete / brachte er die übrigen aus
dem Hause Jorck ums Leben/und heyrathete die letzte Erbin. Also ward die doppelte
Rose in einen Schild gebracht / und Engeland begunte etwas ruhiger zu werden. Dieser Henricus VII. war ein kluger Herr / und
führete die Engeländer zu den Schiffarthen
an/ welche biß hieher in dem wolgelegenen
Lande gar schlecht waren getrieben worden.
Weil er nun zu solchem Vorhaben der Spanier Freundschafft benöthiget war/vermäh-
lete er seinen erstgebohrnen Sohn Arthurum
An. 1502. mit der Catharina, Ferdinadni Ca-
tholici Tochter. Wiewol Arthurus starb
An. 1503. und der Vater Henricus VII. folgete ihm nach) An. 1509. Also kam der andere
Sohn Henricus VIII. zu dem Königreiche.
Und weil dieser das Bündniß mit der Cron
Spa-

Spanien gern bestätigen wolte / erhielt er vom Pabst Julio II. die Dispensation, daß er des Brudern Wittwe heyrathen möchte: mit welcher er An. 1515. einer Tochter Maria zeugete.

§. 3. Es blieb aber nachgehends diese Gemahlinn unfruchtbar/ und ward der König daher entweder aus Lust zu einem männlichen Erben / oder aus Begierde zu andern Frauen Zimmer derselben überdrüssig / verstieß auch diese Catharina An. 1532. öffentlich/ und nahm an ihre statt eines Edelmanns Tochter/ Annam Bolenam, welche der vorigen Königinn als eine Cammer-Jungfer auffgewartet/ zur Gemahlin an. Weil nun der Pabst in dieses Beginnen nicht einwilligen wolte/ bestach der König etliche Universitäten mit Gelde/ daß sie die Ehe mit des Bruders Wittwe / welche der Pabst gebilliget hatte/ vor unkräfftig sprachen. Ja als der Pabst den Spaniern zu Gefallen mit dem Banne drohete/ ließ er An. 1534. auff öffentlichem Reichs-Tage des Pabsts Gewalt abschaffen/ machte sich selbst zum Pabste in Engeland/ und zog den also genannten Denarium Petri in seine Königliche Cammer.

In-

Indeſſen verthädigte er doch die Päbſtiſche Religion/ und ließ die andern Glaubens-Genoſſen mit Schwerdt und Feuer verfolgen. Nachdem nun auch der König bey ſeiner neuen Gemahlinn die Luſt gebüſſet/ und mit ihr eine Tochter Eliſabeth An. 1533. erzeuget/ beſchuldigte er ſie Ehebruchs/ und ließ ſie An. 1536. mit dem Beile hinrichten: Vermählete ſich auch den Tag darauff mit der Jana Semeria, welche An. 1537. in der Geburt ſtarb/ und einen Sohn Eduardum VI. hinterließ.

§. 4. Hierauff gab der König bey der Maria/ des Hertzogs von Guiſe Tochter/ Heyrahts-Gedancken vor: Allein er bekam den Korb/ und gerieth alſo den Hertzog von Cleve/ deſſen Tochter Anna im Jahr 1539. in Engeland geſchicket wurde. Nach wenig Zeit aber wandte er vor/ die Gemahlin wäre ihm zu häßlich/ und ſchickte ſie mit ſolcher Entſchuldigung wieder nach Hauſe. Ferner nahm er An. 1540. die Catharinam Havyardam, des Hertzogs von Nordfolck Tochter zur Ehe: Doch ſie gerieth bey ihm in Verdacht/ als wäre ſie keine reine Jungfer geweſen/ und muſte

muste sich An. 1542. mit dem Beile hinrichten lassen. Also kam die Catharina Parre eines Edelmanns Wittwe in sein Ehe-Bette/ welche ihn überlebte/ und nach seinem Tode mit Thoma, der Janæ Semeriæ Bruder wider verheyrathete. Henricus VIII. aber starb An. 1547.

§. 5. Eduardus VI ein Sohn Henrici VIII. war neun Jahr alt/ als er zur Cron kam; bey dessen Unmündigkeit seiner Mutter Bruder Duc de Somerset die Regierung verwaltete. Dieser junge Eduardus erweckte eine vortreffliche Hoffnung/ indem er allbereit in dem 15. Jahre seines Alters nicht allein sieben Sprachen verstanden/ sondern auch in Philosophischen und Politischen Wissenschafften ziemlich weit kommen war. Doch als er im 16 Jahre 1553. starb/ machte er alle diese Hoffnung auff einmahl zu nichte. Und nun hätte dem väterlichen Testamente nach die Maria succediren sollen: Allein der Vormund Duc de Northumberland hatte seinen Sohn an die Annam Grajam, welche von des Henrici VIII. Schwester herstammete/ vermählet: Und weil er unter diesen Vorwand zu der Königlichen Cron

zu

zu gelangen gedachte/ hatte er Eduardo gerathen/ er solte ein neues Testament machen und die beyden Schwestern/ Mariam und Elisabeth ausschliessen/ alldieweil jene aus einem unrechtmässigen/ diese aber aus einem befleckten Ehe-Bette entsprossen wären; Hingegen solte er Janam Grajam zur Erbin einsetzen. Wiewol dieser böse Anschlag hatte einen schlimmen Außgang. Denn Maria behtielt die Oberhand/ und welche dem Vormund beygestanden/ dieselbigen wurden alle schändlich hingerichtet/ nebst ihm unangesehen er zuletzt selbst die Mariam für Königinn zu Cambrigde ausrieff.

§. 6. Bey dieser Königinn begunte sich die Catholische Religion wieder hervor zu thun/ absonderlich weil sie Philippum II. König in Spanien An. 1554. zum Gemahl erkiesete/ welcher auch das gantze Reich unter die Spanische Gewalt gebracht hätte/ wenn sie nicht An. 1558. ohne Erben gestorben wäre. Solcher gestalt verlohr der König in Spanien die Hoffnung wegen Engeland/ und kam nunmehr die Reyhe an der Königinn Schwester Elisabeth/ welche einmü-
C thig-

thiglich für Königinn An. 1559. außgeruffen ward / und hat dieselbe ihre Person und Staat bey sehr gefährlichen Zeiten mit grosser Klugheit und Ruhm biß an ihr Ende erhalten. Sie hatte Anfangs einen mächtigen Freyer an den König in Spanien Philippum, hernach an andern Herren und Potentaten. Doch sie beschloß eine Jungfer zu bleiben / und zu regieren / weil sie doch durch Heyrathen die Herrschafft und das Regiment einem andern überlassen muste. Und also war sie beschäfftig die Reformirte Religion wieder auffzurichten. Gestalt es auch höchlich zu verwundern ist / daß ein Weibs-Bild in einem so verwirrten und zerrütteten Reiche so eine wichtige Veränderung ausgeführet hat / davon die Scribenten gnugsames Zeugniß mit beylegen. Diese rühmliche und von ihrem Volck sehr beliebte Königinn starb An. 1602. nachdem sie Jacobum VI. König in Schottland zu ihrem Erben ernennet.

§. 7. Nach Elisabeth Tode ward Jacobus VI. König in Schottland einmüthig zum König in Engeland außgeruffen / aus Recht von Margareta Henrici VII. Tochter die an

Jaco-

Jacobum IV. König von Schottland verheyrathet war; dessen Sohn Jacobus V. eine eintzige Tochter hinterließ/ Jacobi VI. Mutter. Weil nun ermeldter Jacobus in Engeland und Schottland König war/ so entstund ein Streit unter beyden Nationen/ welche in dem Königlichen Titul solle oben an stehen/ biß endlich das Mittel erfunden ward/ daß man alle beyde Reiche unter dem Nahmen Groß-Britannien beschloß. Dannenhero ward auch der König Jacobus, welcher in Ordnung der Schottländischen Könige der sechste war/ nunmehr der erste genennet. Und da ward es An. 1604. so weit vermittelt/ daß zwischen Spanien und Engeland ein vollkommener Friede erfolgete/ und An. 1605. zu Madritt seine prächtige Vollziehung erlangete. In zwischen waren die Catholischen und insonderheit die Jesuiten übel zufrieden/ daß die Reformirten allenthalben solten Meister spielen. Derowegen geriethen sie An. 1605. auff eine Verrätherey/ welche in allen Historien wenig ihres gleichen hat. Sonsten war der König Jacobus sehr gelehrt/ massen er auch an seinen erstgebohrnen Printzen Henricum Fridericum (welchen er zwar An. 1612. im 19. Jahr verlohren) ein herrlich Buch geschrieben / und solches Δῶρον βασιλικὸν, das ist ein Königliches Geschencke genennet hat. Im übrigen war er so friedfertig/daß er auch keinen blossen Degen sehen kunte. Dieser König starb An. 1625.

§. 8. Ihm folgete sein Sohn Carolus I, welcher Henriette Königs in Franckreich Henrici IV. Tochter freyete An. 1626. Dieser König ob er wol den Krieg belangend von anderer Humeur als sein Vater war / muste er doch wieder seinen Willen / des Vaters Maximen in Erhaltung außwertigen Friedens folgen/umb sich nicht der Unbescheidenheit seiner Unterthanen zu unterwerffen. Ob er nun wol sich zu der Reformirten Religion bekennete/und dannenhero/der Französischen Schwägerschafft / ungeacht / sich der Hugonotten in Franckreich etlicher Massen annehmen wolte; meynten doch die meisten/er möchte in Spanien (weil er allda zuvor in Hoffnung einer Heyrath lange Persöhnlich auffgehalten) eine gute Affection gegen den Päbstischen Glauben eingesogen haben. Dannenhero wolten sich die Reformirmirten in beſſere Sicherheit ſetzen/ und damit nicht unter dem Mantel der äuſſerlichen Ceremonien etwas fortſchleichen könte/ gaben ſie vor/ man müſte neben der Päbſtiſchen Religion auch alles abſchaffen/ was bey derſelben gebräuchlich wäre. Und dieſe nenneten ſich Puritaner, weil ſie das Anſehen haben wolten/ als hätten ſie alles auff das reineſte reformiret. Was für einen Eiffer nachgehends dieſe ſo genannte Puritaner wieder die Biſchöffe/ welche in ihrer Kirchen biß dahin noch waren geduldet worden/ haben ſehen laſſen/ und was für ein grauſahmer Auffſtand daher ſich entſponnen/ ſo daß darüber viel tauſend eines erbärmlichen und grauſahmen Todes ſterben müſten/ ſolches bezeugen die Hiſtorici mit mehrern. Ja es wurde dem König An. 1648. endlich ſelbſt der Proceß gemachet/ daß er als ein Verräther des Vaterlandes öffentlich mit dem Beile ſolte enthauptet werden/ geſtalt ſolches auch den 30. Jan. An. 1649. vollzogen ward.

§. 9. Nach dem Tode des Königes beſchloſſen die Engeländer eine frey Republique zu behalten / ſchlugen derohalben die königlichen Waapen ab/ ver-

veränderten die Müntze / und wolten also die vorige Regierung in Ewigkeit nicht mehr wissen noch hören. Es waren aber die Schotten mit des Königs Tode gar nicht zu frieden; Nahmen derowegen seinen Sohn Carolum II. An. 1650. und kröneten ihn zu ihrem Könige. Allein Kromwel/ (ein gemeiner von Adel/ der vorhin von den Engeländern war erwehlet worden / daß er dem Regimente nach Caroli Stuarts Tode solte vorstehen/) als er sich wegen der Irrländer versichert und sie gehorsam gemacht hatte/ gieng auch in Schottland / und bekam die Haupt-Stadt Edenburg ein. Da spielete der junge König desperat, und gieng in Engeland. Dem begegneten die Parlamentischen mit 80000. Mann/ und grieffen ihn mit solcher Macht an/ daß er selbst kaum entrinnen / und sich drey Tage lang ungessen und ungetruncken auff einen Eichbaum verstecken kunte, Also muste er endlich in verstellten Kleidern zu Fuß fort reisen / und weil in allen Häfen scharffe Auffsicht gehalten würde/ wagte er sich nur in einem geringen Fischer-Schiffgen über die See in Franckreich hinüber An. 1651. wo er allbereit wuste/

daß

daß er seine Frau Mutter antreffen würde. Indessen hatte Kromwel eine neue Regierung angefangen/ und damit er einer neuen Unruhe des Pöbels/ welche in Londen sehr mächtig ist / zuvor kommen möchte/ fieng er An. 1652. einen Krieg mit den Holländern an/ worinn es ihm auch dermaßen geglücket/ daß die Holländer nach erlittenen grossen Abbruch und Einbüssung vieler hundert Schiffe/umb schön Wetter bitten musten / und die ihnen vorgeschriebene Conditiones annehmen / und würde also An. 1654. wieder Friede geschlossen.

§. 10. Man hat sich zu verwundern/ daß dieser Cromwel als ein blosser und nicht gar zu reicher Edelman seine Sachen so klug und listig fort gesetzet/ daß er An. 1653. den Titul Protector angenommen/und sich von den Ständen ordentlich den Eyd schweren lassen. Ja es war so weit kommen / daß ihm von dem Parlamente / welches aus lauter Cromwelischen Creaturen bestund/ die königliche Crone An. 1657. angeboten ward. Allein er vergnügte sich königlicher Protector zu heissen/ und im übrigen ein König mehr in der That/ als im Nahmen zu seyn.

C 4

seyn. Nach dieses Tode/ (welcher An. 1658. erfolgete) kunte diese unrechtmäſſige und gewaltſame Regierung nicht beſtehen. Denn obwol ſein Sohn Richard in dem Protectorat ſuccedirte / ſo war er doch bey weitem nicht geſchickt ein ſolch Werck zu behaupten. Wie er denn auch bald hernach vom Parlament herunter geworffen ward / welches da es unter ſich zertheilet war/ und niemand wuſte / wer Koch oder Keller wäre / bediente ſich Monck der Gouverneur von Schottland dieſer Gelegenheit / und kam mit einer Armee aus Schottland in Engeland/ bemächtigte ſich der Stadt Londen/ diſſolvirte das militariſche Parlament/ und ruffte König Carolum II. wieder in ſein Reich/ An. 1660. Dieſer König hat das Reich ſo wol in geiſtlichen als weltlichen Sachen wiederumb auff den alten Fuß geſetzet/ auch ſeine Unterthanen in den meiſten Dingen willig und gehorſam befunden / als die mit ihrem Schaden gelernet/ was für Ubel die Veränderung der Regierung mit ſich bringet. Anno 1665. fieng er einen Krieg an mit Holland/ in welchen zwar Anfangs zu beyden Zeiten mit faſt gleichem Schaden geſochten fochten ward. Jedoch thaten die Holländer denen Engelischen endlich mit Austeckung der Schiffe und grosser Beschimpffung dieser Nation einen solchen Abbruch/ daß dahero der König genöthiget ward/ unter Schwedischer Vermittelung einen Frieden zu machen. Anno 1672. griff er abermal die Holländer zu Wasser/ und Franckreich zu Lande an/ aber es wolte dem König in diesem Krieg nicht nach seinem Wunsch ergehen. Deßhalben Er abermals An. 1674. mit Holland einen absonderlichen Frieden wieder machen muste. Und nach der Zeit unternahm er sich der Mediation zwischen den kriegenden Partheyen.

Das IV. Capitel.

Von Franckreich.

ES befindet sich in den Historien/ daß Gallien jederzeit ein Volckreich und gewaltiges Land gewesen. Inmassen auch die Gallische Nation vor alten Zeiten ein groß Stück von Italien eingenommen

men und besetzet / auch Griechenland und viel andere Oerter durchstreiffet / und ein Stück von klein Asien bewohnet. Weil aber dieses so mächtige Land vor diesem seine Kräffte niemals verstanden/ oder recht zu gebrauchen gewust/ ist es unter der Römer Bottmässigkeit kommen / wiewol die unvergleichliche Tapfferkeit Julii Cæsaris das meiste darbey gethan. Als aber das Käyserthum in Orient versetzet/ und Italien in allerhand Unruhe gelassen ward: Da begunte diese benachbahrte Provintz der Käyserlichen Regierung müde zu werden/ und ließ es gar leicht geschehen/ daß Anno 424. Pharemundus, König in Francken / das meiste Theil einnahm/ und ein neu Königreich bestätigte/ welcher auch selbigem Volcke solle Gesetz geben/ und gute Ordnung unter ihnen eingeführet haben. Aus dieses Pharemundi Geschlechte kam An. 451. Merovæus, von welchem alle Nachkommen Merovingi genennet worden. Starb An. 458. Dessen Sohn Childerich ward wegen seiner Unzucht vertrieben/ und an seine Stelle Ægidius von altem Gallischen Stamme entsprossen/ zum König gemacht. Aber Childerich

derich ward durch Treue seines Freundes Guyemans nach acht Jahren aus Thüringen/ dahin er geflohen war/ geruffen/ und wiederumb ins Reich gesetzet. Starb An. 481. Dessen Sohn Clodovæus, nachdem er Syagrium Ægidii Sohn umgebracht/ hat die Frantzösische Monarchie recht befestiget/ und sein Reich sehr vermehret. Starb An. 511.

§. 2. Nach Clodovæi Tod bekam das Frantzösische Reich einen grossen Stoß/ indem es unter dieses vier hinterlassene Söhne getheilet worden/ welche Theilung ferner auch unter dero Söhnen fortgieng/ wodurch das Königreich sehr geschwächet/ und zu innerlicher Unruhe gleichsam Zunder angeleget ward. Endlich nach vieler Unruhe hat Clotarius II. An. 614. das zerstümpelte Reich wieder zusammen gebracht/ und ihm wieder auff die Beine geholffen. Starb An. 628. Aber dessen Sohn Dagobert fiel eben in die vorige Thorheit/ indem er ein groß Stück vom Reich an seinen Bruder Albert überlassen/ auch selbst sein Portion unter seine zwey Söhne getheilet; wie er denn sonsten auch in seiner Regierung nicht viel taugte. Und von der Zeit an haben die Könige in Franckreich

reich gantz degeneriret/und sich der Faulheit und Schwelgerey ergeben. Hingegen zogen die Groß-Hofmeister die Sorge und Gewalt des Reichs an sich. Unter diesen that sich sonderlich herfür Pipinus aus einem vornehmen Hause in Austrasien entsprossen/ welcher bey acht und zwantzig Jahr biß An. 714. über verschiedene Könige regieret. Dessen Sohn Carolus Martellus gleichfalls seines Vaters Ampt behauptet/ und seine Gewalt mehr und mehr bekräfftiget/ hat grosse Dinge im Kriege verrichtet. Und dieser ließ sich nachmahls einen Printzen oder Hertzog von Franckreich nennen/ so daß den rechten Königen nichts als der blosse Nahme übrig blieb. Endlich hat dieses Caroli Martelli (so An. 741. starb/) Sohn Pipinus der Jüngere/ nachdem er die vornehmsten auf seine Seite gebracht/ den König Childericum III. abgesetzet/ ihm eine Platte geschoren/ und ins Kloster gestossen/ sich aber zum Könige in Franckreich lassen außruffen. Und also entfiel der Merovinger Stamm von der Cron Franckreich Anno 751.

§. 3. Pipinus starb Anno 768. und hinterließ sein Königreich Carolo Magno seinem Sohne/

Sohne/ von welchen die Nachkommen Carolingi genennet worden. Gleich wie aber Caroli M. Vorfahren an den Merovingis gehalten hatten: Also musten die Carolingi in kurtzer Zeit eben der gleichen erfahren. Denn es kamen andere Majores Domûs, oder Großhoffmeister auff/ welche die Könige gantz unterdruckten/ und ihre Gewalt hingegen groß machten. Drumb/ als Ludovicus V. starb/ und sein nechster Vetter/ Carolus, Hertzog in Lothringen hätte zu der Cron gelangen sollen/ drang sich Hugo Capetus, von welchen die Nachkommen Capetingi heissen / auff den Thron / und ließ Carolum mit seinen Kindern im Gefängniß sterben. Und zwar aus diesem Geschlechte theilten sich viel Fürsten aus/ welche theils von An. 1204. biß An. 1262. das Käyserthum zu Constantinopel besassen; theils in Sicilien und Neapolis zum Königreich gelangten. Jetzund sind nur die Könige in Franckreich mit etlichen wenigen Fürsten vom Geblüte noch übrig. Was nun des Capeti Nachkommen betrifft/ so regierten sie das Land ohne sonderbahren Verlust biß auff das Jahr 1327. da gerieth Franckreich

mit

mit Engeland in solche Uneinigkeit/ daß es wenig fehlete/ sie hätten eine neue Linie aus Engeländischen Königen rechnen müssen. Denn als Carolus Pulcher An. 1327. starb/ und seine Gemahlin schwanger hinterließ/ zanckete sich Eduardus III. König in Engeland mit Philippo Valesio erstlich wegen der Vormundschafft. Doch als eine Tochter gebohren ward/ schützte Philippus das Salische Gesetz vor/ als welches die Weiber von der Succession in Franckreich gantz außgeschlossen hätte/ uñ massete sich derowegen als der nechste Agnate der Cron an. Die Sache aber kam zu einen öffentlichen Krieg/ und hielt der Krieg/ und hielt der König in Engeland wieder die Frantzosen eine so denckwürdige Schlacht daß in derselben auch an Königlichen Personen drey umb das Leben kamen/ An. 1346. Ja es versahe es König Johannes, Philippi Sohn/ so sehr/ daß er von den Engeländern Anno 1365. gefangen ward/ und im fünfften Jahr allererst mit schweren Bedingungen loß kam. Also ward das Glücke denen Engeländern von Tage zu Tage günstiger/ biß endlich Carolus VII. kaum eine Stadt übrig behielt/ und Henricus VII.

König

König in England An. 1431. zu Paris vor einen König in Franckreich außgeruffen und gekrönet ward. Und daher kommt es/ daß der König in Engeland noch anjetzo das Frantzösische Wapen und Titul führet.

§. 4. Es gewann aber Carolus VII. dazumahl Gelegenheit/ weil in Engeland eine grosse Uneinigkeit einrisse/ das Reich wieder einzunehmen; Gestalt er auch die Engländer völlig hinaus wiese / biß auff den eintzigen Hafen Culis/ welchen die Engländer noch über hundert Jahr behielten. Carolus starb An. 1461. Diesem folgete sein Sohn Ludwig XI. ein listiger/ eigensinniger/ und malicieuser Herr/ der zu der unumbschrenckten Gewalt der Könige in Franckreich den Grund geleget hat. Jedennoch machte ihm Hertzog Carl von Burgund viel zu schaffen/ der ihn auch An. 1468. zu Peronne in der Maußfalle hatte/ daraus er sich nicht ohne Nachtheil seiner bekandten Listigkeit außgewickelt. Nach dieses Hertzogs Tode brachte Ludewig durch eine sonderbahre List des Hertzogthums Burgund an die Cron. Starb An. 1483. Sein Sohn Carolus VIII. hatte die ersten Jahre seiner Regierung viel zu thun mit dem Hertzog von Bretagne/ und
wolte

wolte mit Gewalt der Waffen solche Landschafft sich einverleiben. Nachdem nun Maximilianus von Oesterreich sich mit Anna/ einer eintzigen Tochter Francisci, Hertzogs von klein Britannien/ welche er hinterlassen/ verlobet/ dünckte den Frantzosen nicht bequem zu fallen/ einen so fetten Bissen an Oesterreich kommen zu lassen; so bewegte er die Braut theils mit guten Worten/ theils mit Schrecken der Waffen/ daß sie Maximilianum fahren ließ/ und Carolum heyrathete/ An. 1491. wormit selbiges Land an die Cron Franckreich kommen. Nach diesem zog Carolus in Italien/ und nahm das Königreich Neapolis ein/ welches er aber bald wieder quitiren muste. An. 1498. starb Carolus ohne Kinder.

§.5. Diesem folgte sein nechster Vetter Ludwig XII. vorhin Duc d'Orleans genandt; welcher/ damit er Bretagne bey der Cron behielt/ des vorigen Königs Wittib Anna heyrathete/ nachdem er zuvor seine Gemahlin von sich gestossen. Sonsten setzte Ludwig den Krieg auff Neapolis fort/ und wickelte sich endlich auch in die Meyländische Sache/ also/ das offt Krieg entstund/ und wieder

Friede

Friede gemachet wurde. Gestalt Anno 1507. die beyden Könige in Franckreich und Spanien zu Savona Persönlich zusammen kamen/ und den Frieden darumb bestätigten/ weil sie Willens waren/die Republique Venedig mit gesammter Macht an zu fallen/ und aus zu rotten. Starb Anno 1515. nachdem er das Jahr zuvor eine junge Dame zur Gemahlin genommen/ die ihm eine gute Beförderung zu seinem Tode war. Dieser König war bey seinem Volck dermassen beliebt/ daß er ins gemein le Pere du peuple genennet ward. Ihm folgete sein Vetter Franciscus I. welcher nachdem er mit England / Ertz-Hertzog Carln und Venedig Bündniß gemacht/ unversehens in Italien zog/ und Genua nebst vielen andern Plätzen ohne Mühe ein bekam. Aber da er bey Marignano eine Meile von Meyland lag/ ward er unversehens von den Schweitzern in seinem Lager angefallen/ alldar es ein greulich Gefecht gab; und wurden die Schweitzer endlich mit Verlust zurück getrieben. Anno 1519. strebte Franciscus mit grossem Eyfer/ nach Käyser Maximiliani Tod/ nach der Käyserlichen Crone. Aber weil die Teutschen
D Für-

Fürsten fürchteten/ es möchte der Frantzoß ihre Hoheit zu erniedrigen trachten/ ward Carolus V. ihm vorgezogen. Dieses verursachte bey Francisco eine grosse Feindschafft und brach die Eyfersucht bald in einen öffentlichen Krieg aus/ indem Franciscus den Spaniern Navarra wiederum abzunehmen suchte/ welches Reich zwar die Frantzosen auch bekamen/ aber weil sie keine Anstalt machten/ solches zu erhalten/ wurden sie fort wieder heraus geschlagen. Anno 1522. gieng er in Italien/ und suchte den alten Streit auf Meyland wieder hervor. Wiewol da er selbst mit zu Felde gieng/ ward er in der Schlacht vor Paphy An. 1525. gefangen/ und auff Madrit in Spanien geführet. Also muste er An. 1526. ehe er wieder loß kam/ den Madritischen Frieden eingehen/ und darinn schwere Puncte bewilligen. Von welchen er aber nachmals gar wenig gehalten/ indem er fürgewendet/ daß ein König nichts schliessen könte/ was das Parlament nicht darein gewilligt hätte. Ließ also den Frieden öffentlich vernichten/ und zog An. 1527. vor Neapolis, wiewol vergebens. In übrigen ist dieser Herr ein gar unruhiger Kopff gewe-

gewesen / der nicht lang in Friede hat sitzen können / wie solches aus dem zu Camerich An. 1529. gemachten Friede / und nachgehends An. 1538. zu Nice in Savoyen geschlossenen zehenjährigen Stillstand / und deren beyderseits sofort erfolgten Vernichtung zu erkennen. Starb An. 1547.

§. 6. Franciscus I. hinterließ seinen Sohn Henricum II dieser bekam eine köstliche Ursache zum Kriege / indem er sich mit Churfürst Moritzen von Sachsen wieder den Käyser vereinigte / und unter dem Titul eines Beschützers von Teutschland / die drey herrlichen Bistühmer in Lothringen Metz / Tull und Verdun einnahm / und dem Römischen Reiche entzog. Und weil der Käyser hierauff mit einer grossen Macht gegen Franckreich zugieng / schloß Henricus An. 1553. ein schändliches Bündniß mit den Türcken / in welchem ihm der Türckische Käyser gegen Erlegung einer gewissen Summa Geldes / sechtzig Kriegs-Schiffe / und fünff und zwantzig Raub-Schiffe versprechen muste. Als sich nun die Sache zu einem höchst gefährlichen Kriege anließ / ward endlich An. 1556. in einem Closter bey Cambray ein Stillstand gemacht/

macht/ weil der Käyser seinen Sohn/ dem er das Regiment abgetreten / gerne bey Anfang seiner Regierung in Frieden setzen wolte. Aber kaum war der Stillstand beschworen/ da ihn die Frantzosen auff Anstifften des Pabsts Pauli IV. wieder brachen / der mit Spanien Händel anfieng/ und Henricum bewegte sich seiner anzunehmen. Endlich ward An: 1559. zu Camerich ein neuer Friede geschlossen / so für Franckreich sehr schädlich war/ und insonderheit Anlaß zu den innerlichen Unruhen gab / so Franckreich nach der Zeit elendiglich zerrüttet. Bald nach geschlossenen Frieden blieb Henricus im Turnier, indem ihm ein Splitter von der zerbrochenen Lantze ins Auge/ hinein fuhr/ da er mit offenem Casquet den Grafen von Montgomery genöthiget/ gegen ihn zu rennen: und entfiel dem König alsobald Verstand und Sprache/ und starb eilff Tage hernach. Mit welchem Fall die Hochzeit/ so er seiner Schwester Margareta mit Philibert Emanuel, Hertzog von Savoyen anstellete/ sich in groß Trauren endete.

§. 7. Ihm folgete sein Sohn Franciscus II. ein annoch junger Herr. Dieser ließ sich

sich leicht bewegen/daß er den Krieg wieder die Reformirten anfieng/ welcher damahls zu erst die Hugonotten genennet wurden. Wiewol Franciscus II. starb An. 1560. und kam also der Bruder Carolus IX. von 11. Jahren darzu. Da massete sich die Mutter Catharina Medicea des Regiments an/ und weil die Frantzoischen Fürsten solches nicht vertragen wolten/führeten sie die Hertzogen von Guise aus dem Hause Lothringen in das Land/ und machte sie dermassen gewaltig/ daß sie endlich unter dem Vorwand einer Blut-Freundschafft mit Carolo M. gar nach der Cron strebten. Also schlugen sich die andern Fürsten zu den Hugonotten/ und wuste man endlich nicht/ ob ein Religions- oder Regions-Krieg geführet würde. Biß endlich An. 1572. das verfluchte Blut-Bad zu Pariß am Bartholomæus Abende außgeführet würde. Doch hiermit ward der Religions-Streit nicht beygeleget/ sondern die Verbitterung schlug erst in volle Flammen aus. Und als Carolus IX. sich An. 1574. in einer gefährlichen Kranckheit zu tode geblutet hatte/ kam der Bruder Henricus III. welchen die Polen zum

Könige erwehlet hatten/auff der Post in das Reich/ud erhielt also die Cron. Allein die Guisen wolten sich des Reichs bemächtigen/ und machten mit dem Spanier ein Bündniß/welches sie die heilige Union oder Liga nenneten/ wodurch auch Franckreich fast in das eusserste Verderben gesetzet worden. Ja der König selbst mercket eher nicht worauff/dieß Bündniß angesehen/ biß ihm von der Guisischen Faction die Stadt Pariß verboten wurde. Da aber wachte der König auff und schrieb zu Blois einen Reichs-Tag aus/und als Henricus Hertzog von Guise nebenst seinem Bruder dem Cardinal/ aus grosser Verwegenheit daselbst erschienen/ wurden sie An. 1588. überfallen und hingerichtet. Der König selbst ward hernach auf dem Wege nach Paris von Jacob Clemens einem Münche mit einem vergiffteten Messer erstochen. Und dieser ist der letzte aus dem Hause Valois.

§. 8 Henricus IV. der zu erst die Crone in die Bourbonische Linie gebracht/ fand nicht weniger Schwerigkeit bey Eintretung seiner Regierung/als er zuvor erfahren hatte. Deñ ob ihm zwar die Crone von rechtswegen zukam/

kam/hinderte ihn doch die Hugonottiſche Religion/ welcher er zugethan war/ nicht wenig/welche ſo lang er ſie behielte/ würde die Ligue der Pabſt und Spanien ſich hefftig wieder ihn ſetzen: Solte er aber die Religion ſtracks verändern/ würden ſeine bißhero getreue Hugonotten von ihn abgehen/ und er ſich vielleicht zwiſchen zweyen Stühlen niederſetzen. Ja die Catholiſchen zogen albereit den alten Cardinal von Bourbon, Henrici Vetter hervor/ und hieſſen ihn Carolum X. Anno 1593. reſolvirte ſich Henricus, und nahm ohne Begrüſſung des Pabſts/ die Catholiſche Religion/ nicht ſo wol mit dem Hertzen/ als mit dem Munde an. Und hier wäre es bald umb des Königs Leben geſchehen geweſen/ in dem ein Meuchelmörder/der ihn in die Bruſt ſtoſſen wolte/ aus verſehen zwey Zähne aus dem Munde herauß ſtieß. Wiewol die Jeſuiten/ welche ſolches angeſtifftet/ wurden aus dem Lande verbannet/ und dürfften nichts als eine Schand-Scule zurücke laſſen. An. 1594. kündigte Henricus IV. dem König in Spanien Krieg an/ welcher doch durch den Frieden zu Vervins An. 1598. in

D 4   Nie-

Niederland beygeleget. An. 1600. ließ Henricus die Margaretam, welche er an der Blut-Hochzeit geheyrathet/ von sich/ und legte sich die Mariam Mediceam aus dem Hause Florentz bey. Nach diesem formirte Henricus ein Desseyn die übergrosse Macht des Hauses Oesterreich zu vermindern/ und es in die Grentzen von Spanien/ und der Teutschen Erblanden einzutreiben; Allein es giengen alle Anschläge auff einmahl zurücke/ indem er An. 1610. von einem verzweiffelten Buben Namens Franz Ravaillac, auff der Gasse zu Pariß in seiner Carosse mit einem Messer erstochen ward.

§. 9. Diesem folgte Ludwig XIII. ein Knabe von neun Jahren/ dessen Vormünderin Maria de Medicis seine Mutter war. Nachdem nun der König selbst die Regierung angetreten/ ließ er An. 1517. Concini Mareschal d'Ancre von Geburt einen Florentiner nieder machen/ der bey der Königin Regierung alles gegolten/ und durch sein Reichthum/ Gewalt und Hochmuth der Eingebohrnen Haß auf sich geladen. Umb das Jahr 1619. hub Richelieu, nachmals Cardinal/ an in grossen Credit bey Hofe zu kommen;

men; der den König eingab/ seine Autorität feste zu setzen/ und das innerliche Ubel von Franckreich aus dem Grunde zu heylen/ wie ihm dann auch An. 1625. die höchste Verwaltung von den Staats-Geschäfften in Franckreich anvertrauet wurden. Dieses Cardinals fürnehmstes Absehen war/ daß er die Hugonotten/ welche zwar bißhero sehr waren verfolget worden/ doch aber wegen der vielen Vestungen einen annoch trotzigen Muth hatten/ gäntzlich möchte dämpffen. Endlich starb Richelieu An. 1642. und folgte ihm der König Ludovicus XIII. bald 1643. hernach. Also ward die Königin zu der Vormundschafft des Ludovici XIV. gelassen/ welche den Cardinal Mazarini, des Cardinals Richelieu gewesenen Secretarium zu ihrem vornehmsten Beystande annahm. Und diese Regierung ließ zu Anfang glücklich an/ biß An. 1648. nachdem der Friede zu Münster zwischen Teutschland und Franckreich geschlossen worden/ eine Faction wieder den Cardinal und wieder den König selbst entstund. Ob nun wol dieser schlaue Fuchs dazumal sich meisterlich außwickelte/ und An. 1650. die vornehmsten Fürsten ins Ge-

D 5   fäng-

fängniß führen ließ/ muste er doch An. 1651. sich vor einen Verräther öffentlich außschreyen lassen/ und seine Sicherheit ausserhalb Franckreich suchen. Allein da der König im vierzehenden Jahre zu seiner vollen Majorennität gelangte/ und die innerliche Unruhe gleichwol auch in der Abwesenheit des Cardinals fortgetrieben ward / schickte sichs Anno 1652. daß Mazarini mit voller Ehre und Gewalt wieder in Franckreich kam. Und dieser Cardinal brachte es endlich ohne Vermittelung anderer Potentaten dahin/ daß An. 1659. mit Spanien Friede geschlossen ward. Massen auch zu Bestätigung dieser Freundschafft des Königs in Spanien Philippi IV. älteste Tochter Maria Teresia, dem Könige in Franckreich Ludovico XIV. beygeleget wurde. Hierauff starb Mazarini An. 1661. und hinterließ dem Könige einen grossen Schatz. Und seithero ist in Franckreich kein solcher Staats-Minister mehr bestätigt worden/ weil der König dasjenige selbst außführen wil/ was er von dem Cardinal gelernet hat.

Das

Das V. Capitel.

Vom Teutschen Reiche.

§. 1. Teutschland ist vor uhralten Zeiten in viel mässige Staaten vertheilet gewesen/ deren jeder vor sich selbst souverain gewesen/ und von keinem andern dependiret. Es hat aber gantz Teutschland unter sich gebracht Carolus Magnus, der auch zugleich ein Herr war über Franckreich/ das Königreich Italien/ Rom/ und ein Theil von Spanien/ und regierte Carolus solche eroberte Länder durch Gouverneurs, welche Graffen oder Marggraffen genennet wurden/ doch so/ daß die Sachsen etwas mehr Freyheit als die andern behielten. Caroli Sohn Ludovicus Pius hatte drey Söhne/ Lotharium, Ludovicum und Carolum, die das Frantzische Reich unter sich theileten; in welcher Theilung Ludovico gantz Teutschland disseit des Rheins/ wie auch ein Stück Landes jenseit des Rheins/ zu gefallen/ und zwar so/ daß er

es

es absolut für sich besasse/ ohne von dem ältesten Bruder/ viel weniger von Franckreich/ so dem jüngsten Bruder zugetheilet war/ zu dependiren. Und damals ist Teutschland zu erst ein einßig besonder independent Königreich worden. Dieses Ludovici Sohn Carolomannus zog nach Absterben Caroli Calvi, so König in Franckreich war/ und den Titul vom Römischen Käyser führete/ in Italien/ und bemächtigte sich dessen/ benebenst der Käyserlichen Hoheit. Carolomanno folgte sein jüngerer Bruder Carolus Crassus, der gleichfalls das Königreich Italien/ und den Käyserlichen Titel behauptet. Aber An. 887. setzten die Proceres in Teutschland ihn vom Reich ab/ und erwehlten zum König von Teutschland Arnolphum jetzt gedachten Carolomanni Sohn/ der An. 894. in Italien zog/ und den Titel eines Römischen Käysers annahm. Als aber Arnolphus An. 899. starb/ folgete ihm sein Sohn Ludwig / den man das Kind zu nennen pflegte/ unter dessen Regierung es in Teutschland übel hergieng. Nach Absterben Ludovici An. 911. ward Cunrad Hertzog von Francken zum König erwehlet: unter welchem die mächtige

tige Hertzogen in Lothringen/ Schwaben/ Bäyern und Sachsen sich unternahmen/ ihre Länder en Souverain und erblich zu regieren; welche unter Gehorsam zu bringen/ der König sich vergeblich bemühete. Als aber sonderlich Hertzog Heinrich von Sachsen an Macht sehr groß war/ und König Cunrad sich besorgte/ er möchte sich endlich gantz vom übrigen Teutschland absondern/ beredet er auf seinem Tod-Bette die andern Fürsten/ sie solten diesen Heinrich zum Könige machen/welches auch geschehen. Und also kam das Reich von dem Carolinischen Stam auff die Sachsen/An. 919.

§. 2. Henricus, mit dem Zunahmen Auceps, hat das Wüten der Ungarn gezähmet. Denn als sie mit grosser Macht eingefallen waren/ und ihme den Tribut abforderten/ schickte er ihnen einen raudigen Hund/ und schlug ihrer nachmahls in einer grossen Schlacht bey Merseburg 80000. zu todte. Unter diesen König sind die meisten Städte in Teutschland disseit des Rheins angebauet/ oder mit Mauren umgeben worden. Er starb/ nachdem er das Land wol eingerichtet/ An. 936. Ihm folgte sein Sohn Otto Magnus,

Maguus, der erſtlich groſſe innerliche Kriege geführet wieder verſchiedene Fürſten/ ſo ſich ihme wiederſetzten/ worunter ſonderlich diejenigen waren/ ſo aus Caroli M. Stamm zu ſeyn prætendirten; Welche verdroß/ daß die Königliche Würde auff der Sachſen Stamm gewendet war. So Kriegete auch glücklich wieder die Sclaven/ Dänen und Ungern/ welche letzteren er bey Augsburg auffs Haupt ſchlug. So brachte Otto auch das Königreich von Italien/ und das Käyſerthumb von Rom an ſich/ und wurde An. 962. zu Rom gekrönet. Er ſtarb An. 974. und ließ zum Nachfolger ſeinen Sohn Otto H. der erſtlich mit einigen unruhigen Fürſten in Teutſchland zu thun hatte. Nach dieſem wolte Lotharius König in Franckreich ſich Meiſter von Lothringen machen/ hätte auch bald den Käyſer zu Aacken überrumpelt: Aber Otto gieng mit einer groſſen Armee durch Champagne biß für Paris; litte aber im Rückwege groſſen Schaden. Endlich ward zu Reims Friede gemacht/ krafft deſſen Lothringen dem Käyſer verblieb. Starb. An. 983. deſſen Sohn Otto III. die meiſte Zeit ſeiner Regierung mit
den

den Tumulten zu Rom zugebracht/ allwo der Bürgermeister Crescentius die höchste Gewalt sich wolte anmaassen/ den aber Otto zu Lohn auffhencken ließ; wurde aber nachgehends/ von des Crescentii Wittib mit vergifften Handschuhen ums Leben gebracht/ An. 1001. Weil er aber keine Kinder hatte/ ward das Reich Henrico II. Claudo zugenahmt/ auffgetragen/ welcher Hertzog von Bäyern/ und aus dem Sachsen-Stam entsprossen war. Dieser hat mit den Unruhen in Italien viel zu thun gehabt/ auch Boleslaum König in Polen zum Gehorsam gebracht. Starb Anno 1024.

§. 3. Weil Henricus II. keine Erben nach sich ließ/ ward das Reich durch Wahl der Fürsten Conrado Saliquo, Hertzogen in Francken auffgetragen; welches eine grosse Jalousie bey den Sachsen verursachte/ die nach der Zeit Anlaß zu grossen Kriegen gegeben. Diesem Käyser haben die Unruhe in Teutschland und Italien viel zu thun gemacht/ die er doch glücklich gestillet. Er hat auch wieder die Polen und Slaven glücklich gekrieget/ und starb Anno 1035. Ihm folgete Henricus Niger sein Sohn/ der mit den Ungarn und nut den unruhigen Päbsten viel zu thun gehabt/ und die Käyserliche Hoheit wieder sie tapffer behauptet. Starb An. 1056. dessen Sohn Henricus IV. eine lange aber sehr mühselige und unglückliche Regierung gehabt. Dessen Ursach unter andern war/ weil er nur sechs Jahr alt war/ da sein Vater starb/ und von seinen Vormündern übel aufferzogen worden/ die auch selbst den Regiment übel vorstunden/ indem sie sonderlich die geistlichen Beneficia Würdigen und Unwürdigen umbs Geld verkaufften. Da aber Henricus erwachsen solche Reichs-Güter wider an sich bringen wollen/ hat er einen unversühnlichen Haß der Geistlichen auff sich geladen. Mit den Sachsen hat er langwierige und blutige Kriege geführet/ worinnen die Sachsen endlich unterliegen müssen. Aber einen viel grössern Sturm erregte wieder ihn der Pabst Gregorius VII. mit seinen Nachfolgern. Denn weil es die Päbste lange Zeit her verdrossen/ daß der Stuhl zu Rom und die andern Geistlichen dem Käyser unterthan seyn müsten/ meynete Gregorius VII. es wäre nun gute Gelegenheit die Clerisey in Freyheit

heit zu setzen/ weil der Käyser in schwere Kriege mit den Sachsen verwickelt wäre. Und demnach ließ dieser Pabst ein Decret außgehen/ daß der Käyser keine Bischöffe oder andere Geistliche verordnen solte/ weil solches dem Pabst zukähme. Dahingegen erklärte der Käyser den Pabst seines Ampts unwürdig/ und wolte ihn absetzen. Darauff that der Pabst den Käyser in den Bann/ und entschlug alle seine Untersassen von ihrem Eyd und Pflicht/ welches zu der Zeit so viel würckete/ daß bey den meisten auff einmal aller Respect des Käysers hinfiel/ und er in höchstes Elend gesetzet/ auch An. 1076. von den meisten Fürsten des Reichs entsetzet wurde. Indem nun solches zu des Pabsts Ausspruch gestellet seyn solte/ zog Henricus mit im Winter nach Italien/ und bat den Pabst in tieffster Erniedrigung um Absolution, die er ihm endlich auch wiederfahren ließ. Als unterdessen die Fürsten in Teutschland auff des Pabsts Anstifften Rudolfum Hertzog von Schwaben zum König Anno 1077. erwählet/ gieng es auff ein blutiges Gefechte auß/ so das Rudolf mit den Sachsen in zweyen Schlachten überwunden/

den/ und in der dritten das Leben selbst eingebüsset. Hierauff rieff Henricus eine Versammlung der Bischöffe zusammen/ und entsetzte Gregorium VII. des Päbstlichen Stuhls / ließ auch einen andern Pabst an dessen Stelle wählen. Eroberte darauff Rom / und verjagte Gregorium An. 1084. Endlich ist doch dieser Käyser auff Anstifften der Sachsen von seinem eigenen Sohn betrieglicher Weise hintergangen/ und als er auff den Reichstag zu Mäyntz erscheinen wollen / unter Wegens gefangen genommen / und seines Reichs entsetzet worden/ An. 1106.

§. 4. So bald Henricus V. Käyser worden/ strebte er nicht weniger als sein Vater die Käyserliche Hoheit zu behaupten. Denn nachdem er die Sachen in Teutschland eingerichtet/ zog er mit einer Armee nach Rom sich krönen zu lassen/ und das alte Recht der Käyser/ Bischöffe zu bestellen/ zuerneuren. Als der Pabst Paschalis II. dieses erfuhr / erregte er einen grossen Tumult zu Rom wieder den Käyser / so daß dieser selbst für sein Leib und Leben fechten muste. Aber es obsiegte der Käyser/ und nahm den Pabst beym Kopffe/

Kopffe / so daß er endlich in des Käysers Begehren einwilligen muste. So bald aber der Käyser den Rücken gewendet / erklärte der Pabst den Vergleich für ungültig / und hetzete die Sachsen nebst den Bischöffen in Teutschland wieder den Käyser auf. Welcher / da er nicht solcher Gestalt fortkommen konte / verziehe er sich alles Rechts / und starb ohne Leibes-Erben An. 1125. Ihme folgete Lotharius Hertzog zu Sachsen. Dieser Käyser hat die entstandene Unruhe in Italien mit grossen Ruhm gestillet / und ist gestorben An. 1138. Nach diesem bekam Cunrad III. Hertzog in Francken das Käyserthumb / dem sich Hertzog Henrich zu Sachsen und Bäyern / und dessen Bruder Wolff widersetzete. Daher es lange und schwere Kriege abgeben. Starb An. 1152. Cunrado folgte Fridericus I. Hertzog zu Schwaben / der im Anfang seiner Regierung Teutschland in gute Ruhe gesetzet / darnach auch Italien zum Gehorsam gebracht / welches doch nicht lange geruhet. Und ist dieses der letzte Käyser gewesen / der des Teutschen Reichs Autorität in Italien behauptet hat. Letzlich da er einen Zug fürgenommen ins heiliße Land wieder den Sultan von Egypten/ hat er zwar die Saracenen verschiedene mal geschlagen/ ist aber in Cilicien/ da er durch ein Wasser reiten wollen/ An. 1189. ersoffen. Ihm folgete im Käyserthum sein Sohn Henricus VI. der mit seiner Gemahlin Constantia das Königreich Sicilien/ Apulien und Calabrien bekam. Da er zu Rom auff den Knien liegende vom Pabst Cælestino, der auffm Stuhl saß/ die Cron empfieng/ setzte dieser ihme erst die Crone auff/ und stieß sie mit dem Fuß gleich wieder herunter/ als wann beym Pabst stünde/ das Reich zu geben und zu nehmen. Er starb An. 1198. Nach dessen Tod entstunden in Teutschland grosse Spaltungen. Denn weil dessen Sohn Fridericus II. nur fünff Jahr alt war/ begehrte seines Vaters Bruder Philippus, daß er das Reich unterdessen als ein Vormund für seines Brudern Sohn verwalten möchte/ welches auch des nechst verstorbenen Käysers Wille war. Allein der Pabst widersetzte sich ihm/ und wiegelte einige Fürsten auff/ daß sie Hertzog Otto von Sachsen wehlen solten. Nun hielt es ein Theil mit Philippo, und zwar die meisten/ die andern mit

mit Ottone. Nach langem Krieg vertrugen sie sich endlich/ daß Otto Philippi Tochter nehmen/ und vom Königlichen Titel abstehen solte; nach Philippi Tod aber solte Otto selbigen führen. Kurtz darauff ward Philippus vom Pfaltzgraff Otto von Wittelsbach zu Bamburg An. 1208. ermordert.

§. 5. Nach Philippi Tod trat Otto das Reich an. Als er aber die Oerter/ so der Pabst dem Reich entzogen/ wieder an das Reich bringen wolte/ that ihn der Pabst im Bann/ und vermahnete die Fürsten einen andern Käyser zu wehlen/ muste auch nach vergeblichen Wiederstand An. 1212. das Reich abtreten/ und an Fridericum II. König von Sicilien und Napoli/ und Hertzog von Schwaben überlassen. Dieser als er sich etliche Jahr in Teutschland auffgehalten in allem gute Ordnung zu stellen/ zog er in Italien/ und ließ sich vom Pabst krönen. Hat sonsten viel Händel mit den Päbsten gehabt/ in dem jene Meister in Italien spielen wolten/ dieser aber sein Recht männlich behaupte. Deßwegen jene ihren Bann wieder diesen verschiedene mahl ergehen liessen/ und wieder ihn anhetzten/ wenn

sie

sie nur kunten. Ward An. 1245. Vom Pabst auff den Concilio zu Lyon des Reichs entsetzet/ und erwehlten einige Fürsten Landgraff Heinrich von Thüringen zum König/ der aber im folgenden Jahr starb/ mittler Weile zog Conradus Friderici II. Sohn/ der zum Nachfolger verordnet war/ mit dem Vater herumb/ dem das Glück in Italien gantz zu wiederlieff. Starb An. 1250. hierauff begab sich Conradus aus Teutschland nach Neapoli und Sicilien als seine Erbreiche/ allwo er An. 1254. Starb. Nun gerieth es leider dahin/ daß nach Friderici II. absterben der Pabst seine Person so wol spielete/ damit über 20. Jahr lang kein rechter Käyser kunte erwehlet werden. Endlich ward An. 1273. Graff Rudolff von Habsburg zum Käyser erwehlet. Dieser war nur darauff bedacht/ wie er sein Ansehen in Teutschland befestigen/ und sein vorhin mässiges Hauß zu grossem Reichthum und Ansehen vermittelst des Käyserthums bringen möchte. Und solches gelung ihm nach Wundsch: Denn als Teutschland noch ohne Käyser war/ hatte der König in Sicilien Fridericum, Hertzogen von Oesterreich/ hinrichten lassen/ hatte

hatte sich Ottocar König von Böhmen Oesterreich mit denen benachbahrten Provintzen angemasset. Aber Rudolfus, der da meynete/ diese Landschafften stunden seiner Familie besser an/ nahm selbige Ottocaro ab/ und belehnte seinen Sohn Albertum damit; Dem andern Sohn Rudolfo gab er das Hertzogthum Schwaben. In Italien wolte er niemahls ziehen/ sondern war damit zu frieden/ wie er nur Teutschland möchte einrichten. Er starb An. 1291.

§. 6. Nach dessen Tod ward nicht sein Sohn Albertg sondern Adolfus ein Graf zu Nassau/ zum Käyserthum erhoben; biß endlich An. 1298. Adolfus abgesetzet/ und Albertus an dessen Stelle erwehlet ward. Gleichwol nach Alberti Tode Anno 1308. Wolten die Churfürsten sehen lassen/ daß sie das Käyserthum nicht gedächten erblich zu machen / und erwehlten also keinen Oesterreicher / sondern Henricum VII. einen Hertzog zu Lützelburg/ welcher An. 1313. in dem H. Abendmal von einem Münche mit Giffte vergeben wurde. In Wehlung eines neuen Käysers theileten sich die Churfürsten/ und gaben etliche ihre Stimmen Ludwig Hertzog von Bäyern/

die

die andern Friedrich Hertzog von Oesterreich; und ward jener zu Acken/ dieser zu Bonn gekrönet. Diese beyde zogen sich in die neun Jahr umb das Reich/mit des Landes grossem Schaden herumb/ biß endlich Friedrich An.1323. in der Schlacht gefangen worden/da denn Ludwig allein Meister blieb/ und Teutschland wieder in Ruhe setzte. Endlich starb er Anno 1347. zu gar gelegener Zeit: Denn der Pabst hatte ihn schon etliche mahl in den Bann gethan/hatte auch Carolum IV. Königs Johannis in Böhmen Sohn/ und Henrici VII. des Käysers Enckel albereit vorgeschlagen. Und dieser Carolus ist es/ welcher An.1356.die güldene Bulle heraus gegeben/ darinnen ein Fundamental-Gesetz/ meistentheils von der Käyserlichen Wahl/ und von den Freyheiten der Chur-Fürsten enthalten ist. Er starb An.1378. Da er zuvor durch viel Geschencke an die Chur-Fürsten zu wege gebracht/ daß sie seinen Sohn Wenceslaum zum Römischen König erwehleten. Der aber sich des Reichs wenig angenommen/und ein rechter Unflath gewesen/ weswegen ihn auch die Chur-Fürsten An. 1400. absetzten.
Und

Und da folgte ihm Rupertus ein Pfältzgraff am Rhein; nach deſſem Tode An. 1410. Sigismundus, Wenceslai Bruder zu der Käyſerlichen Würde gelangete. Dieſer ließ auff dem Concilio zu Coſtnitz wieder gegebene Parole Johannem Huß verbrennen. Starb An. 1437.

§. 7. Jhm folgete ſein Tochter-Mann Albertus II. Hertzog von Oeſterreich/ und König in Ungarn und Böhmen; regierte aber nicht viel über ein Jahr/ und ſtarb in Zurüſtung wieder den Türcken/ An. 1439. Dem folgte ſein Verwandter Fridericus III. Hertzog von Oeſterreich/ in maſſen denn nach der Zeit das Reich biß dato bey ſolchem Hauſe verblieben. Unter deſſen Regierung gab es verſchiedene Unruhen in Teutſchland/ deren ſich der Käyſer wenig annahm. Er ſtarb An. 1493. Jhm folgete ſein Sohn Maximilinus I. deſſen gröſtes Glück war/ daß er durch Heyrath mit Maria, Caroli Audacis Hertzogs von Burgund Tochter die Niederlande an das Hauß Oeſterreich geknüpffet. Sein beſtes Werck war/ daß er in Teuſchland das Fauſtrecht gäntzlich außgetilget/ und den Land-Frieden feſt geſetzet. Er ſtarb An. 1519.

Diesem folgte seines Sohns Sohn Carolus V. König in Spanien/ und Herr von Niederlanden/ unter dem sich eine grosse Veränderung in Teutschland aus Anlaß der Religion entsponnen. Dieser grosse Fürst trat endlich das Käyserthum seinem Bruder Ferdinando Könige in Ungarn und Böhmen ab; welcher diese zwey Königreiche an das Hauß Oesterreich geknüpffet/ vermittelst Heyrath mit Anna/ König Ludwigs in Ungarn und Böhmen Schwester/ der in der Schlacht bey Mohatz wieder den Türcken blieb. Hat im übrigen Teutschland in guter Ruhe regieret/ und starb An. 1564. Dem sein Sohn Maximilianus II. folgete/ der auch gar ruhig regierete. Starb Anno 1576. Ihm folgete sein Sohn Rudolphus II. unter dem Teutschland auch in gutem Frieden saß/ ohne daß die Kriege in Ungarn zuweilen den Teutschen ein Exercitium gaben: und daß An. 1609. die Jülische Succession einig auffsehen machte. Endlich stund Rudolphus Ungarn und Oesterreich Ertz-Hertzog Matthiæ ab/ und nachdem er An. 1612. starb/ verließ er jenem/ nebenst dem Rest auch das Käyserthum.

§.8. Un-

§. 8. Unter Matthiæ Regierung nahmen die Troubeln in Teutschland dero Gestalt mehr und mehr überhand/ daß gegen die letzte Zeit seines Lebens das Feuer des dreyssigjährigen Krieges Lichter lohe ausbrach. Dessen Tod erfolgete An. 1619. Nun hatten zwar annoch bey Lebzeiten Käyser Matthias die Böhmen seines Brudern Sohn Ferdinandum, (der auch nach ihm Käyser ward) zum König angenommen. Gaben aber vor/ er hätte die Conditiones, so ihme von den Ständen des Königreichs wären vorgeschrieben worden/ gebrochen. Weßwegen sie Ferdinando den Gehorsam auffkündigten/ und ihre Crone Friderico Pfaltzgraff Churfürsten anboten. Selbigen jungen Herren beredeten seine Leute/ so theils unruhig/ theils dem Werck nicht gewachsen waren/ daß er selbige anzunehmen resolvirte/ ehe man rechten Grund geleget/ ein solches Werck auszuführen. Nun ließ es sich zwar Anfangs gegen Ferdinandum gar rauch an; jedoch als er sich durch Maximiliani Hertzog von Bäyern Hülffe verstärcket/ bekam er bald wieder Lufft/ und giengen des Pfaltzgraffen Sachen durch die unglückliche Schlacht für

Prag

Prag auffm weisen Berge An. 1620. auff einmal übern Hauffen. Darauff brachte Ferdinand Böhmen und die angräntzende Provintzen mit leichter Mühe zum Gehorsam. Ob nun wol noch sehr viel des Pfaltzgraffen Parthey hielten/ und mit Armeen hin und her schwebten/ breitet der Käyser seine Krieges Macht unterm Schein solche zu verfolgen und zu vertreiben/ immer weiter aus ins Reich. Gegen welche sich der Nieder-Sächsische Creyß in Verfassung stellete/ und zum Cräyß-Obristen König Christian IV. von Dennemarck annahm/ der aber An. 1626. vom Tilly bey Königs-Lutter geschlagen ward. Worauff König Christian dermassen eingetrieben ward/ daß er An. 1629. zu Lübeck muste Friede machen. Ferdinandus II. starb Anno 1637. dem sein Sohn Ferdinandus III. folgete/ so An. 1657. diese Welt gesegnete. An dessen Stelle im folgenden Jahr sein Sohn Leopoldus erwehlet ward. Was unter dieses glorwürdigen Käysers Regierung Zeithero vorgangen/ und wie An. 1663. der Türcken-Krieg erstanden/ doch aber bald Friede gemachet worden/ solches kan vermuthlich so gar unbekand nicht seyn. Anno 1672. verfiel Teutschland in Krieg mit Franckreich aus Anlaß / weil Franckreich die Holländer angriff/ welche zu secundiren der Käyser und Chur-Brandenburg sich auffmachten. Denn obwol im vorigen Jahr der Käyser mit Franckreich Alliance gemachet/ darin er versprach/ sich nicht darein zu mengen / wenn dieser einen von der Triple Alliance wolte angreiffen: ließ er doch nicht desto minder seine Trouppen an den Rhein gehen/ aus Vorwand/ es kähme ihme Ambts wegen zu/ acht zu haben/ damit aus dem in der Nachbarschafft brennenden Kriegs-Feuer kein Schaden in Teutschland entstünde. So beklagte sich auch Brandenburg/ daß Cleve von den Frantzosen wäre übel handthieret worden. Diesen nun zu begegnen rückten die Frantzosen in Teutschland / den Käyser zu obligiren/ sich ausser dem Krieg zu halten. Als aber Franckreich von den Reichs-Ständen als ein Feind erkläret/ daneben Schweden in selbigen Krieg mit eingewickelt worden / ist derselbe endlich Anno 1679. zu Nimwegen beygeleget worden.

Das

Das VI. Capitel.

Von

Dennemarck und Schweden.

§. 1. Es ist ohnstreitig/ daß Dennemarck eines von den ältisten Königreichen in Europa ist/ so seinen Ursprung lang vor Christi Geburth gehabt; jedennoch kan man eigentlich nicht wissen zu welcher Zeit es angefangen / und wie lang einer von den ältisten Königen regieret/ und was ihre Thaten gewesen. Deßwegen wollen wir den Anfang von Waldemaro III. nehmen. Dieser starb Anno 1375. und hinterließ zwey Töchter/ eine war Ingeburga/ und hatte Henrichen von Mecklenburg/ des Königs in Schweden Bruder zur Ehe. Die andere war Margareta Hacquini Königs in Norwegen Gemahlin / von welchen sie albereit einen Sohn Olaum VI. gebohren hatte. Weil man nun durch die andere Tochter das Königreich Norwegen mit Dennemarck vereinigen kunte/ so müste

ste Ingeburga zurücke stehen: Hingegen ward Olaus König in Dennemarck/ als er auch 1387. starb/ blieb die Mutter Margaretha bey der Regierung. Unterdessen wolte Albertus, der Ingeburgæ Sohn/ sein Recht nicht fahren lassen/ und versuchte sein Heil/ absonderlich weil der Vetter Albertus, König in Schweden auff seine Seite stund/ der das Dänische Weiber-Regiment sehr höhnisch hielt. Doch als dieser König in einer unglücklichen Schlacht gefangen ward/ kam er nicht eher zu seiner Freyheit/ als biß er Anno 1397. das Königreich verschworen/ und der Margarethæ alles überlassen hatte. Also machte Margaretha noch dasselbe Jahr auff dem Reichs-Tage zu Calmar diesen Schluß/ daß hinführo diese drey Königreiche Dennemarck/ Schweden und Norwegen/ allezeit unter einem Haupte verbleiben/ und doch ein jegliches seine Gesetze und andere Gewonheiten behalten solte. Endlich starb Margareta Anno 1412, und setzte Ericum X. Hertzog in Pommern zum Erben ein/ welcher der Ingeburgæ Tochter-Sohn war/ und schon 16. Jahr mit ihr regieret hatte. Dieser Ericus starb An. 1436. gleichfals ohne Er-

Erben/ und succedirte ihm also seiner Schwester Sohn / Christophorus Hertzog in Bayern / welcher auch nach seinem Tode keine Erben hinterließ.

§. 2. Hierauff erwehlten die Dennemärcker Christianum I. Grafen zu Oldenburg: hingegen satzten die Schweden einen aus ihren Mittel/ Carolum Canuti Sohn / auff den königlichen Stuhl. Doch dieser Carolus schickte An. 1457. seine besten Sachen heimlich auff Dantzig/ und machte sich bald hernach/ aus Beysorge/ daß die Schweden mit seiner Regierung nicht würden zu frieden seyn. Also ward Christianus König in Dennemarck auch von den Schweden angenommen. Allein das Regiment wolte den Schweden nicht gar zu lange gefallen/ drumb ward endlich Carolus wieder von Dantzig in das Reich beruffen: Doch mit grossem Unwillen der Dennemärcker/ welche nicht ruheten / biß Carolus starb An. 1470. Nach dessen Tod wolten die Schweden keinen König haben/ und ward nur ein blosser Gubernator erwehlet. Doch nach dessen Tode An. 1497. liessen sie wiederumb die Dähnischen Consilia etwas gelten/ und mach-

machten Johannem, des verstorbenen Christiani Sohn auch zu ihrem Könige. Wiewol solche Vereinigung nicht allzulange währete/ massen An. 1503. ein neuer Gubernator, und nach dessen Tode An. 1507. noch ein anderer gesetzet ward. Anno 1513. war Johannes König in Dennemarck und Norwegen gestorben/ und hatte seinen Sohn Christianum II zum Erben hinterlassen. Dieser war ein grausahmer Tyrann/ und wolte das Königreich Schweden nicht aus seinen Händen lassen / und brachte eine grosse Macht zusammen/ daher der Schwedische Gubernator in einer Schlacht überwunden/ und nunmehr An. 1520. die Haupt-Stadt Stockholm eyferig belägert ward. Doch die Belägerung verzog sich etwas lang/ und nahm Christianus also Anlaß auf einen betrieglichen Anschlag zu dencken. Er brachte den damahligen Schwedischen Ertz-Bischoff auf seine Seite/ und versprach durch ihn/ es solte nunmehr alles vergessen und vergeben seyn/ wenn sie als gehorsame Unterthanen ihre Stadt eröffnen/ und den König annehmen würden. Solchen Wörten traueten die Schweden/ und ergaben sich. Da

F gieng

gieng es nun zwey Tage in vollen Freuden-
her/ daß jedermann mit der neuen Regierung zufrieden war. Allein am dritten Tage trat der Ertz-Bischoff auf/ und führete eine schwere Klage wieder die vornehmsten
Herren. Dahero auch siebentzig aus dem
Schwedischen Adel Anno 1520. ob wol un-
schuldig/ enthauptet wurden.

§. 3. Es war auch unter solchen ent-
haupteten Herren ein Reichs-Rath/ dessen
Sohn Gustavum nahm Christianus mit in
Dennemarck gefangen. Aber dieser machte sich An. 1521. vor einen Knecht verkleidet
aus Dennemarck in Teutschland/ und kam
also unbekandter Weise auf Lübeck/ da gab
er sich bey dem Rathe an/ und weil die Han-
see-Städte ohne diß mit Christiano übel zu
frieden waren/ erhielt er alle Nothdurfft/
daß er in Schweden hinüber kommen kunte.
Da brachte er diejenigen/ so in dem Thalen
das Kupffer graben/ auff seine Seite/ durch
derer Hülffe nicht allein der Vice-Re Theodorus geschlagen/ sondern auch Gustavus
selbst auff den Königlichen Thron An. 1523.
gesetzet ward. Da nun Christianus König
in Dennemarck inne ward/ daß dieses Ex-
em-

empel die Dennemärcker gleichfalls munter
machte/ und sie in eine genaue Verbündniß
zusammen traten/ gerieth er solche Furcht/
daß er alle Schätze/ ja auch die Privilegia des
Königreichs/ in etliche Schiffe zusammen
packte/ und damit in Holland davon reisete. Also hatten die Stände desto mehr Anlaß auff einen neuen König zu dencken/ massen sie auch An. 1523. Fridericum I. den Hertzog in Holstein/ Christiani Vatern Bruder
erwehlten. Inmittelst meinte Christianus
von Carolo V. seinem Schwager viel zu erlangen: Weil aber dieser mit eigener Kriegs-
Unruhe beläftiget war/ gieng alle Hoffnung
zurücke/ biß die Gemahlin An. 1526. zu Gent
in Flandern vor übermässiger Bekümmerniß ihr Leben auffgab. Also wuste der ver-
lassene König keinen Weg zu der geringsten
Erstattung seiner vorigen Ehre. Biß ihm
Carolus V. noch die Gütigkeit in Geheim er-
wiese/ daß er An. 1531. mit etlichen Holländi-
schen Schiffen sein Heyl versuchen kunte.
Wiewol als er in Norwegen angelanget
war/ und An. 1532. von dar auff Copenhagen
gieng/ ward er gefangen/ und muste auff
dem Schlosse Sunderburg in der Insul Al-
sen

sen über 16. Jahr in einem engen und schlechten Gemach gefangen liegen. Biß ihm endlich bessere Wartung vergönnet/ und er auff das Schloß Calundeburg in Seeland/ welches er selbst schön hatte erbauen lassen/ zu mehrer Bequemligkeit geführet ward/ da er dann nach zehen Jahren An. 1559. im 77. Jahre seines Alters sein Leben beschlossen hat.

§. 4. Anno 1527. brachte es Gustavus, König in Schweden so weit/ daß die Bischöffe in der Versammlung zu Arose in einen öffentlichen Revers, sich der weltlichen Regierung und der meisten Einkünffte begaben: und hierauff ward An. 1529. zu Orobroe in der gantzen Reichs-Versammlung die Päbstische Religion abgeschaffet. Solchem folgete der König in Dennemarck/ und wolte sich gleicher Gestalt zu einer Reformation schicken. Allein da Fridericus An. 1533. starb/ empöreten sich die Catholischen/ und wolten seinen Sohn Christianum III. nicht zum Könige haben/ weil sie wusten/ daß er die Lutherische Religion mit allem Ernste fortpflantzen würde. Ob nun gleich dieses zu einer grossen Unordnung hinaus schlug/ hatte jeden-

dennoch Christianus III. das Glück/ daß er
An. 1536. die Haupt-Stadt Coppenhagen
einnahm/ und sieben Bischöffe/ welche die
Königliche Wahl verhindert hatten/ abgeſetzt wurden. Also daß An. 1537. die völlige Reformation durch D. Pommern angestellet/ und so wol in Dennemarck als in
Norwegen Lutherische Bischöffe oder Superintendenten eingeführet wurden. Dieſer
gottselige und löbliche König ſtarb Anno
1559. und hinterließ so wol einen Bruder
Adolphum, von welchen die Gottorffiſche
Linie der Hertzog in Holstein herstammet;
als einen Sohn Fridericum II. welcher an
seine Stelle König ward. Bald darauff
ſtarb Gustavus König in Schweden An. 1560.
und hinterließ drey Söhne/ Ericum, Johannem und Carolum. Ericus II. ward König/
und weil der König in Dennemarck das
Schwediſche Waapen noch im Titel führete/ entstund An. 1563. zwiſchen beyden Nationen ein hefftiger Krieg/ welcher mit beyderseits groſſem Schaden über ſieben Jahr
geführet ward. In währender Zeit hat Ericus von der Königin Elisabeth in Engeland
den Korb bekommen/ und ward dannenhe-

ro so grausam/daß er nicht nur seinē Bruder Johannem, weil er ein Königlich Polnisches Fräulein geheyrathet/ nebst der Gemahlin in gefängliche Hafft bringen ließ; sondern auch über sechtzig vornehme Herren mit eigener Hand ermordete. Ja nachdem er sich mit allerhand Unzucht beflecket hatte/wolte er eines gemeinen Mußquetierers Tochter zur Gemahlin haben/ und ließ solche An. 1568. öffentlich krönen. Hierauff wurden die Schweden ungedultig/und holten Johannem aus dem Gefängniß / erwehlten ihn zum Könige/ und stiessen hingegen Ericum in die Verwahrung.

§. 5. Dieser neue König Johannes ob er wol den Krieg mit Dennemarck fortsetzete: Dennoch weil die Schweden mit schlechtem Vortheil ihrer Sachen wahrnahmen/ kam es An. 1570. durch Vermittelung des Käysers und des Königs in Franckreich dahin/ daß zu Stettin Friede gemachet/ und auff beyden Theilen alle Prætension auff des andern Königreich gäntzlich auffgehoben ward. Es hatte aber Johannes König in Schweden ein Polnisches Fräulein/und weil er sahe/ daß die Erben gar wenig werden wolten/

ten/ und seine Gemahlin die nächste war/ ließ er den erstgebohrnen Sohn Sigismundum in der Catholischen Religion erziehen/ damit zu der Polnischen Crone möchte geschickt werden. Und dannenhero fügte sich das Glück/ daß gedachter Sigismundus als der nächste zur Cron An. 1587. von den Ständen erwählet würde. Als aber Johannes der Vater An. 1562. starb/ kam der Sohn/ und wolte das Schwedische Reich einnehmen. Er ward aber nicht eher zu der Krönung gelassen/ biß er endlich versprochen/ die Augspurgische Confession im Reiche hand zu haben/ auch keinen Catholischen in ein wichtiges Ampt zu befördern. Hiemit ward er gekrönet/ und hinterließ bey seiner Rückreise in Polen/ Carolum seines Vatern Bruder als einen Gubernator. Zwar solches gefiel den Catholischen nicht/ darumb hielten sie bey Sigismundo an/ er solte sich der Königl. Maj. so nicht berauben lassen: Carolus wäre so viel als König/ und er selbst dürffte in der Religion sein Recht nicht gebrauchen. Also gieng er mit einer Polnischen Kriegs-Macht in Schweden/ ungeachtet er geschworen hatte/ keine Ausländi-
sche

ſche Nation in das Reich zu bringen. Doch die Schlacht lieff unglücklich ab/ daß er die Flucht nahm/ und An. 1598. auff öffentlichen Reichs-Tage des Königlichen Stuhls entſetzet ward. Unterdeſſen erklährten ſich die Schweden/ des Sigismundi erſtgebohrnen Sohn Uladislaum vor ihren König zu erkennen/ wofern er als ein drey Jähriger Printz in Schweden geſchickt/ und allda in der Augſpurgiſchen Confeſſion erzogen würde. Die Pohlen aber wolten ſolche Bedingung nicht eingehen/ biß die Schweden zuführen/ und Carolum ihren bißherigen Gubernator An. 1604. auff dem Reichs-Tage als einen König ausruffeten/ und ihm ordentlich die Huldigung leiſteten. Wiewol die Crönung erſt An. 1608. erfolgete. Alſo gab es einen ſchweren Krieg zwiſchen beyden Cronen/ davon an gehörigen Ort ſoll gemeldet werden.

§. 6. Mittler Zeit hatte Chriſtianus IV. in Dennemarck die Regierung angetreten/ nachdem Fridericus II. An. 1588. geſtorben/ und er nach abgelegter Minderjährigkeit An. 1596. gekrönet worden. Als nun die Schweden wider Polen ihre Waffen führeten/

ten/ begab sich/ daß die Dänischen Schiffe/ welche durch den Sund in Preussen giengen/ feindlich angehalten wurden; Ja die Norwegen/ als Dänische Unterthanen solten sich an etlichen Orthen zu Schwedischer Contribution verstehen. Solches brach An. 1611. zu einen öffentlichen Krieg aus/ da denn Christianus IV. das Glück hatte / die feste Stadt Calmar in Schweden mit stürmender Hand einzunehmen. Hierauff starb bald Carolus IX. in Schweden/ und hinterließ einen Sohn Gustavum Adolphum; ingleichen eine Tochter Catharina / davon Carolus Gustavus gebohren ist. Nach dieser Zeit hat so wol der König in Dennemarck als der in Schweden/ sich wider das Hauß Oesterreich im Teutschen Kriege gebrauchen lassen / biß Gustavus Adolphus in der Schlacht vor Lützen A. 1632. umb das Leben kam/ und seine Tochter Christina, dazumal ein Fräulein von sechs Jahren/ zu der Succession übrig blieb. An. 1648. starb Christianus IV. nachdem er seinen Cron-Printz Christianum V. An. 1647. verlohren hatte. Also folgte ihm der andre gebohrne Printz Fridericus III. Denen Schweden war dieses Jahr sehr glückselig/ indem sie durch den Oßnabrückischen Frieden einen sonderbahren Vortheil erhalten hatten. Derowegen als An. 1650. im Junio der Friede zu Nürnberg war bestätiget worden/ kröneten sie die Königinn Christina im October zu Stockholm/ maßen sie allbereit An. 1634. zu der Succession öffentlich benennet war. Und gewiß diese Königinn kunte vor eine gelehrte und unvergleichliche Person paßiren: Allein die überflüssige Curiosität/ die Welt zu besehen/ trieben sie an/daß sie An. 1654. ihren Vetter Carolo Gustavo, dem Pfaltz-Grafen von Zweybrück/ welcher in Teutschland Schwedischer Generalissimus gewesen/ die Crone und das Reich abtrat.

§. 7. Gedachter Carolus Gustavus ward bald in Anfang seiner Regierung in den Polnischen Krieg verwickelt/ und ehe er auff derselben Seiten zur Ruhe kam / tratt der König in Dennemarck mit dem Käyser und Chur-Fürsten von Brandenburg An. 1657. in ein Bündniß; Doch schickte sich alles im folgende Jahre zum Friede/ welcher zu Rothschild in Dennemarck An. 1658. geschlossen ward. Ob nun wol dieser Friede auff

auff ewig solte geschlossen seyn/ auch die Könige selbst durch mündliche Unterredung einander alles gutes versprachen/ fieng der König in Schweden dennoch dasselbe Jahr den Krieg wieder an. Und zwar gaben sie vor/ als hätten sie aus Dennemärckischen Briefen/ welche intercipirt worden / gefährliche Anschläge ersehen. Also giengen sie für die Hauptstadt Coppenhagen/ und formirten eine Belagerung: Doch es war zu spät/ absonderlich weil die Holländer durch den Sund bey gutem Winde durchdrungen/ und die Stadt entsetzten. Darum ward es so weit gebracht/ daß An. 1660. zu Coppenhagen ein neuer Friede solte geschlossen werden. Wiewol der König in Schweden erlebte diesen Frieden nicht/ denn er starb den 15. Febr. An. 1660. und hinterließ einen eintzigen Printzen Carolum XI. dazumal von fünff Jahren. Anno 1661. erfolgte auch der Friede zwischen Moscau und Schweden. Was Dennemarck betrifft / so gebrauchte sich der König des Friedens zu seinem sonderbahren Vortheil. Denn von der Zeit Friderici I. an hatten die Stände des Reichs so viel Gewalt/ daß sie dem Könige/ wenn er

gewehlet wurde/eine gewiſſe Capitulation, oder wie ſie es nenneten/die Handfeſte vorlegten. Doch als durch Beyſtand der Bürger die Haupt-Stadt wieder die Schweden glücklich war defendiret worden/ und nunmehr ein Reichs-Tag gehalten ward/ brachte der König die Geiſtlichen/die Bürger und Bauern auff ſeine Seite/ daß ſie ihm die Handfeſte erlieſſen/und Ihn vor einen vollkommenen Erb-König erkenneten. Alſo muſte die Edelleute/ſo ungern als ſie auch wolten/ endlich ihren Willen drein geben. Von dieſer Zeit an/ iſt in beyden Königreichen keine ſonderbahre Veränderung vorgelauffen. In Dennemarck zwar ſtarb An. 1670. der König Fridericus III. und hinterließ die Crone ſeinem erſtgebohrnen Christiano VI. der ſich albereit mit einem Caſſliſchen Fräulein vermählet hatte. Schweden fiel aus Faveur der Frantzöſchen Parthey An. 1675. in die Marck/ und erwieß daſelbſt die Feindſeligkeit wieder Teutſchland.

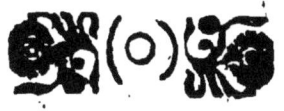

Das

Das VII. Capitel.
Von Polen.

§. 1. Der Polen erste Regenten haben nicht einen Königlichen/ sondern Hertzoglichen Titel geführet; inmassen auch ihre Regierungs-Form unbeständig gewesen. Deñ nach dem Lechi Stam̃ außgangen/ (welcher umb das Jahr Christi 550. den ersten Staat fundiret haben soll) sollen Zwölff Obristen/ nach ihrer Sprache Woywoden/ das Regiment geführet haben/ die zwar Anfangs das rohe Volck mit Gesetzen eingerichtet/ nachmahls aber unter sich in Uneinigkeit gerathen. Weswegen man umb das Jahr 700. Cracum zum Fürsten erwehlet/ der die Republique in Ordnung gebracht/ und die Stadt Cracow/ so nach seinen Namen genennet/ erbauet/ alldar er Residentz genommen. Dessen junger Sohn Lechus II. seinen ältern Bruder ermordet/ damit er die Regierung bekäme: Ist aber nach der That kund worden/ vertrieben worden. Nach diesem regierte eine Jungfrau Venda, die allein auß Craci Kindern übrig war/ An. 750. welche/ nachdem sie

sie Rietigern einen teutschen Fürsten / der nach ihr freyete / überwunden/ sich aus blindem Aberglauben selbst in die Weixel gestürtzet. Nach dero Tod wiederumb zwölff Weywoden eine Weile regieret/ biß endlich ein Goldschmied Premislus genandt / den sie auch Lescum I. nennen / erwehlet worden/ weil er durch Kriegs-List die Mähren/ so in Polen eingefallen waren / überwunden. Welcher weil er keine Kinder ließ/ ward ein Wettrennen zu Pferde umb die Sucession angestellet; Allwo einer den Platz mit Fuß-Angeln bestreuet hatte / die andern Pferde damit hinckend zu machen. Durch welches Mittel er zwar zum Ziel kam/ aber da der Betrug gemercket ward/ schlug man ihm tod. Mitlerweile war ein armer Kerl zu Fuß auff den Rennplatz gelauffen/ und nach dem Betrieger zu erst an das Ziel kommen/ den die Polen zu ihrem Fürsten machten/ Anno 776. und hieß Lescus II. Dieser soll nach etlicher Meynung im Krieg wider Carolum Magnum geblieben seyn / An. 804. Dem sein Sohn Lescus III. gefolget / der Carolo M. Geschencke gegeben / und Friede mit ihm gemacht. Dieser hinterließ Polen sei-

seinen Sohn Popielo, den er mit einer echten Gemahlin gezeuget. Den andern Söhnen von Concubinen gezeuget/ gab er die benachbahrten Herrschafften/ Pommern/ Marck/ Cassuben und andere. Ihm folgte sein Sohn Popileus II. ein schlimmer Mensch welcher auff seiner Gemahlin Anstifften seines Vaters Brüder ermordet/ aus dero hingeworffenen Leibern sollen Mäuse gewachsen seyn/ die Popielium mit Weib und Kind auffgefressen.

§. 2. Nach dessen Tod war ein unruhig Interregnum, biß endlich ein schlechter Bauer von Crußwitz Piastus erwehlet ward/ An. 820. von dem die Polen Piastos nennen die Einheimischen/ so zu Königen erwehlet worden. Dessen Nachkommen lange Zeit Polen besessen/ und von deine die Hertzoge von Liegnitz und Brieg in Schlesien/ derer Stamm jüngsthin ausgangen/ entsprossen sind. Sein Sohn Ziemovicus kam zur Regierung An. 895. ein tapffer und streitbahrer Fürst. Dem folgete sein Sohn Lescus IV. An. 902. ein stiller friedsamer Herr. Von gleicher Humeur war sein Sohn Ziemomislus, der An. 921. zur Regierung

rung kam. Ihm folgete in der Regierung nach Miecislaus I. der auch An. 965. die die Christliche Religion annahm. Nach ihm kam sein Sohn Boleslaus Chrobry An. 999. den Käyser Otto III. mit den Königlichen Titel verehret/ und ihm alles Recht/ so die Käyser vorhin auff Polen prætendiret/ nachgelassen. Dieser erste König der Polen hielt sich sehr wol/ und führete mit den Rothee=Reussen / Böhmen / Sachsen und Preussen glückliche Kriege/ allein sein Sohn Miecislaus II. verlohr seines Vaters Eroberungen meistens wieder. Er hub an zu regieren An. 1025. Und da er An. 1034. starb / ließ er einen einzigen Sohn Casimirum, der noch ein Kind war/ an dessen Stelle seine Mutter eine Weile regierte. Weil aber die Polen das Weiber-Regiment nicht vertragen kunten/ flohe die Königin mit dem besten Schatze nach Teutschland: Casimirus aber der Sohn zog in Franckreich und ward ein Münch. In dessen Abwesenheit gieng es in Polen über und über biß sie aus Noth ihre Gesandten in Franckreich schickten / und den rechtmäss'gen Herrn wieder begehrten. Welchen sie auch An. 1041. nach erfolgter

Päbst-

Päbstlicher Dispensation erhielten/doch mit angehengter Bedingung/ es solten sich alle Polacken über den Ohren wie Münche abscheren lassen. Nachdem er nun wieder zum Regiment kommen / brachte er das Reich wieder in gute Ruhe.

§. 3. Sein Sohn Boleslaus Audax kam An. 1058. zur Cron / und führete Anfangs glückliche Kriege: Als er aber sich nachgehends auff die Debouchen ergab/ und deswegen von dem Bischoff zu Cracau erinnert/endlich gar in den Bann gethan ward/ hieb er ihn beym Altar nieder. Worauff der Pabst den König im Bann that. Als er nun sahe/daß er bey männiglich verhasset war/ wich er aus dem Reich/ und sol selbst Hand an sich geleget haben. Ihm folgete sein Bruder Uladislaus I. An. 1082. der doch aus Furcht des Pabsts Anfangs den Königlichen Titel nicht führen wolte. Dieser hat so wol inwendig als außwendig viel Unruhe gehabt/ die er doch endlich wol überwunden. Deme sein Sohn Boleslaus III. succedirte An. 1103. ein tapfferer Soldat/ und der 47. öffentliche Feldschlachten/ und zwar alle glücklich sol gehalten haben. Und haben die

die Polen keinen Herren gehabt/ der mehr Kriege als dieser geführet. Starb vor Bekümmerniß An. 1139. und ließ vier Söhne hinter sich/ darunter zwar Uladislaus II. den Titel vom Fürsten/ und ein groß Stück vom Reich bekam/ jedoch daß den andern Brüdern auch grosse Landschafften vermöge des Vaters Testament zu Theil worden. Welche Theilung grosse Unruhe und innerliche Kriege unter den Brüdern erregte/ in welchen Uladislaus, der den andern das ihre zu nehmen gedachte/ endlich selbst aus dem Lande fliehen muste. Und ward sein Bruder Boleslaus Crispus, oder IV. An. 1146. nach ihm Fürst in Polen/ der mit Käyser Conrado III. und Friderico I. Krieg führen muste/ weil sie Uladislaum wiederum wolten einsetzen. Endlich ward mit der Condition Friede gemachet/ daß Boleslaus Polen zwar behalten/ aber Uladislao Schlesien/ so damals zu Polen gehörte/ solte abgetreten werden/ welches Land hernach durch seine Nachkommen in viel Fürstenthümer getheilet/ folgends an die Cron Böhmen gefallen ist. Boleslao folgete sein Bruder Miecislaus III. An. 1174. Weil er aber übel regierte/ ward er er vom Reich verstossen / und bekam solches sein Bruder Casimirus II. An. 1178. Starb An.1194. Dessen Sohn Lescus IV. oder Albus zog sich mit dem verjagten Miecislao um die Regierung mit solcher Unbeständigkeit des Glücks herum / biß Miecislaus An. 1213. starb; dessen Sohn Uladislaus Lesco noch eine Weile Händel machte / jedoch muste er ihm endlich das Land ruhig überlassen.

§. 4. Lesco folgte sein Sohn Boleslaus V. sonst Pudicus genannt An. 1226. zu dessen Zeiten viel Unruhe im Lande gewesen. Ihm folgte An. 1279. sein Vetter Lescus IV. sonsten Niger, der auch von innerlicher Unruhe und der Tartern Einfall viel Verdruß hatte. Starb Anno 1289. Nach Lesci Tod hat man sich eine gute Weile umb Polen gezancket / biß endlich Premislus, Herr von Groß-Polen solches An. 1295. behauptet / welcher auch den Königlichen Titel wieder angenommen / den die Regenten von Polen über zwey hundert Jahr her nicht gebraucht hatten / weil der Pabst bey Verbannung Boleslai Audacis, den Pohlen einen König zu wehlen verboten. Dieser Premislus ward ermordet / da er nur sieben Monat regieret.

Nach

Nach ihm ward Uladislaus III. sonst Loſticus oder Cubitalis, erwehlet/ der ſich doch nur Erben von Polen/ und nicht König nennen ließ. Weil er aber ſchlim regieret/ ward er An. 1300. des Reichs entſetzet/ und an ſeine Stelle Wenceslaus König in Böhmen erwehlet. Aber als dieſer An. 1309. ſtarb/ kahm Loſticus wieder zum Reich. Starb An. 1333. Ihm folgete ſein Sohn Caſimirus Magnus, welcher An. 1370. durch einen ſchweren Fall auff der Jagt ſein Leben beſchloß. Mit dieſem/ weil er ohne Kinder ſtarb/ gieng der mãnnliche Stamm des Piaſti von der Cron ab. Nach Caſimiro kam die Cron Polen auff ſeiner Schweſter Sohn Ludwig König in Ungarn/ und vereinigte dieſe beyden Königreiche. Er ſtarb An. 1382. und hinterließ nur zwey Töchter. Die älteſte Maria war an Sigismundum, (der endlich Käyſer worden iſt) vermählet/ und brachte ihm Ungarn erblich mit. Die Polen aber hatten ein beſſer Hertz zu der jüngſten Hedwig. Weil nun Jagello, der Groß-Fürſt in Litthauen ſolche zur Gemahlin nahm/ und ſich derentwegen zum Chriſtlichen Glauben bekennete/ ward er von den Polen

len zum Könige angenommen/ und ließ sich in der Tauffe Uladislaus IV. nennen. Und also ist Polen mit Litthauen vereiniget worden. Dieser Jagello oder Uladislaus starb An. 1434. Deme sein Sohn Uladislaus V. folgete/ so auch nachmals König in Ungarn ward/ da er mit dem Türcken zu fechten bekam. In welchem Krieg erstlich JoanHunniad die Türcken beym Strom Morawa, hernach Uladislaus selbst auff den Gräntzen von Macedonien schlug/ so daß sie auff zehen Jahr Stillstand machten. Allein auff Anstifften des Pabsts/ welcher den Cardinal Julianum den König von dem Eyd loß zu machen schickte/ ward selbiger Stillstand gebrochen; und gieng darauff die berühmte Schlacht bey Varna vor/ darinn der König selbst umkahm/ An. 1445. An dessen Stelle ward Casimirus IV. in Polen König/ dem sich ein groß Theil von Preussen / welches der Creutz-Herren überdrüssig war/ ergab. Ob nun wol hierauß ein grosser Krieg zwischen ihnen und den Polen entstund/ darin man lang mit zweiffelhafften Glück gefochten/ hat dennoch Casimirus die Creutz-Herren sehr gedemüthiget/ und ist gestorben An. 1492.

§. 5. Ca-

§. 5. Caſimiro folgete ſein Sohn Johannes Albertus, der in Walachey eine groſſe Niederlage von den untreuen Walachen und Türcken erlitt. Er ſtarb An. 1501. Dem ſein Bruder Alexander folgete/ ſo aber nicht länger als biß A. 1506. regierete/ und zum Nachfolger hatte Sigismundum, einen unter den berühmteſten Potentaten zu ſeiner Zeit. Hat inſonderheit mit den Moßcowitern drey Kriege glücklich geführet/ ohne das die Smolensko, ſo ſie mit Verrätherey einbekommen/ behalten. Starb Anno 1548. und ließ zum Succeſſor ſeinen Sohn Sigismundum Auguſtum: unter welchen die Teutſchen Ordens-Ritter/ welche Lieffland eingenommen hatten/ und ſich von einen ſonderlichen Groß-meiſter regieren lieſſen / durch die Moſcowiter hefftig gedrenget wurden. Derohalben wolten ſie ſich dem Könige in Dennemarck ergeben/ und ihn vor ihren Herrn erkennen. Allein als dieſer keine frembde Ungelegenheit über ſein Reich ziehen wolte/ muſten ſie ihren Schutz in Polen ſuchen. Alſo ward gantz Lieffland der Polniſchen Cron unterthan: Aber der Großmeiſter/ Gotthard Kettler, ließ ſich An. 1559. zum

Her=

Hertzog in Curland bestätigen. Sigismundus Augustus starb Anno 1572. und mit ihm gieng der männliche Jagellonische Stamm aus. Nach dessen Tod war ein langer Disput wegen Wahl eines Successorn, und fielen endlich die meisten Stimmen auf Henricum III. Caroli IX Königs in Franckreich Bruder/ der auch An. 1574. in Polen ankam/ und gekrönet ward. Aber da er kaum vier Monat in Polen gewesen/ erfuhr er/ daß sein Bruder in Franckreich gestorben. Deswegen er selbige Crone in Besitz zu nehmen bey Nacht sich davon machte. Welches die Polen hefftig verdroß / und schritten deswegen zur Wahl eines neuen Königs. Und obwol viele Maximilianum von Oesterreich haben wolten / fielen doch die meisten Stimmen auff Stephanum Batori, Fürst von Siebenbürgen / der sich auch geschwind in Polen verfügte/ und damit Maximilianum ausschloß; auch Sigismundi Augusti Schwester Annam heyrathete. Dieser brachte erst die Stadt Dantzig/ welche allezeit gut Käyserisch gewesen war / zum Gehorsam. Darauff nahm er dem Moscowiter sehr viel Plätze ab/ machte doch endlich auff solche Condition on mit ihm Friede/ daß der Moscowiter ihm gantz Lieffland abtreten solte / dargegen er ihm die in Moscovien abgenommene Plätze wieder einräumete. Sonst hat dieser König die Justicz in Polen/ wie auch die ordinarie Militz zu Pferde und zu Fuß wol eingerichtet/ und ist gestorben Anno 1586. als er darauff bedacht war/ wie er den Türcken bekriegen wolte.

§. 6. Ihm succedirte Sigismundus, Königs Johannis aus Schweden Sohn; wiewol andere Maximilianum von Oesterreich zum Könige ausruffeten; der aber als er sich mit Gewalt eindringen wolte / geschlagen und gefangen ward/ und muste bey seiner Loßlassung auff die Polnische Cron renunciren. Als König Johannes in Schweden starb An. 1592. zog Sigismundus im folgenden Jahr dahin/ und ließ sich zum König in Schweden krönen. Als er aber nachgehends selbiger Cron verlustig ward/ entspann sich daraus ein Krieg zwischen Polen und Schweden. Er starb An. 1632. Nach ihm ward sein Sohn Uladislaus IV. zum König erwehlet/ welcher die Russen ziemlich zu paaren getrieben. Anno 1634. nahm endlich der Krieg mit

mit den Russen/welcher schon bey Sigismundi Lebens-Zeit im Jahr 1605. war angangen/ein Ende/ zu grosser Avantage für Polen/indem die Russen auff zwey grosse Hertzogthümer renuncirten. An. 1637. ward der Grund zum Cosacken-Krieg geleget/ woraus Polen unsäglich Unheil entstanden ist. Uladislaus starb An. 1647. und folgete ihm in der Regierung sein Bruder Johannes Casimirus. Noch vor dieser Zeit war der Cosaken Obrister Chmielinski von etlichen Polen beleidigt worden/ und indem er bey dem Könige Uladislao keine Justitz darüber bekommen kunte / wolte er nunmehr seinen Schimpff rächen/ und hieng seine rauberische Cosacken an sich / welche es mit Plündern und Rauben so grob machten/daß endlich die Polen sich zur defension schicken müste. Und erstlich zwar hatten die Cosacken sich mit den Tartarn verbunden ; doch als ihnen An. 1649. auch hernach) 1651. der Friede mit Gewalt abgedrungen ward/ fielen sie zu dem Moscowiter An. 1654. und ergaben sich sampt der gantzen Ukraine in seine devotion. Als nun Polen sonst Unglück genug zu erwarten hatte/ kam der Schwedi-

sche

sche Krieg An. 1655. darzu. Denn ob zwar krafft des 26. jährigen Stillstandes An. 1635. die Freundschafft währen solte biß An. 1661. so waren doch 1654. als Carolus Gustavus in Schweden zum Könige erkläret worden/ die Polen mit ihrer Protestation erschienen/ und hatten ihr Recht auff die Cron etwas empfindlich gesucht/ daß also der Schwede An. 1655. in Polen eindrang. Und da war das Glücke Anfangs gantz auff Schwedischer Seiten/ daß er Posen/ Warschau/ Crakau/ und andere Plätze mit leichter Mühe einbekam/ und König Casimirus seine Zuflucht in Schlesien nehmen muste. Doch als Litthauen sich Schwedisch erklären wolte gefiel solches dem Moscowiter nicht. Wie er denn mit grosser Macht in Liefland einfiel/ und darinnen unmenschliche Grausamkeit verübte. Uber dieses trat der ChurFürst von Brandenburg von dem Schweden ab/ ja die Polnischen Völcker/ welche unter Schweden gedienet hatten/ rufften ihren alten König wieder.

§. 7. Darumb wäre es mit Schweden gar schlecht abgelauffen/ wenn sie nicht An. 1657. durch den Dennemärckischen Krieg wären

ren mit Gelegenheit aus Polen herausgelocket worden. Doch folgten die Polen durch Zuthun des Chur-Fürsten von Brandenburg/ biß in Pommern nach/ biß die Schweden Anno 1660. mit dem Polen in dem Preussischen Closter Olive Friede machten/ in welchen dem Könige in Polen der Schwedische Titel auff seine Lebens-Zeit vergönnet/ dem Könige in Schweden/ aber die Herrschafft auff Lieffland/ bestätiget wurde. Inzwischen wärete die Unruhe mit den Cosacken noch immer/ und konten nicht wieder zu Frieden gestellet werden/ deren etliche sich an Moscau/ etliche an die Türcken gehenckt und endlich Polen den Türcken-Krieg übern Halß zogen. Es wolte auch die innerliche Unruhe und Mißtrauen nicht auffhören/ derer endlich König Joan Casimir überdrüssig die Cron resignirte/ und sich in Franckreich in die Abtey St. Germain begab/ wo er sein Leben nach wenig Jahren beschlossen. Immittelst erwehlten die Polen einen andern König aus ihrem Mittel/ Michaël Wiesnowizki An. 1670. welcher sich das Jahr drauf mit des Käysers Fräulein Schwester vermählete. Unter deß machten die

die Türcken in Podolien grosse Unruhe/ und nahmen die berühmte Vestung Caminiec ein/ doch mit solchen Conditionibus, daß Podolien mit andern benachtbarten Ländern nunmehr dem Türcken solte unterworffen seyn/ die Polen hingegen einen jährlichen Tribut an die Pforte zahlen solten. Hierauff waren die Polen mit dem Könige übel zu frieden/ wolten die Tractaten nicht halten/ ja sie begehrten gar an den König/ er solte abdancken. In solchen Zerrüttungen starb er Anno 1673. An dessen Stelle im folgenden Jahr der Feld-Herr Joannes Sobieski gewehlet ward/ der im vorhergehenden Jahr die Türcken in ihren Lager bey Chocim angriff/ und sie dermassen schlug/ daß von 32000 kaum 1500. davon kamen. Begunte den Krieg wider die Türcken wieder/ machte aber Anno 1676. mit ihnen Friede/ darinn diese Caminiec behielten/ den Tribut aber nachliessen. Und hat seine Capacität Hoffnung gegeben/ daß er ein guter König für Polen seyn werde.

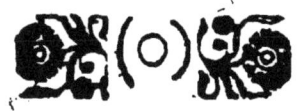

Das

Das VIII. Capitel.

Von Moscau.

§. 1. Vor diesem ist diß grosse Reich in verschiedene kleine Herrschafften getheilet gewesen/ so nach und nach in ein grosses Corpus erwachsen. Anno 989. sind die Russen zum Christlichen Glauben kommen/ als ihr Fürst Wolodomir des Griechischen Käysers Basilii Porphyrogenitæ Schwester Annam heyrathete. Anno 1237. ward Fürst Georgius von der Tartarn König Batto erschlagen; wordurch Moscau unter der Tartarn Botmässigkeit kommen/ so daß die Russischen Fürsten von ihnen dependiren müssen. Aus dero Dienstbarkeit sie nach langer Zeit sich endlich entlediget unterm Fürsten Joanne, Basilii des Blinden Sohn/ der Anno 1450. zu regieren angefangen. Unter dem Rußland erstlich in ein considerabel Reich erwachsen/ indem er die meisten kleinen Fürsten/ darunter Rußland getheilet war/ unter sich gebracht. Diesem folgete sein Sohn Basilius, der An. 1509.

Pleßkou/ so vorhin eine Freystadt/ eingenommen. Den Polen nahm er auch Smolensko ab. Bekam aber von den Casanischen Tartern grosse Stösse/ welche auch die Stadt Moscau damals außgeplündert.

§. 2. Anno 1533. folgte ihm sein Sohn Joannes Basilowitz, ein grausamer Tyrann/ welcher die Tartarische Königreiche Casan und Astracan bezwungen/ und mit Rußland verknüpffet. Mit den Liefländern gieng er grausam umb/ und erschlug den Ordens-Meisters einen von Fürstenberg. Weßwegen sich Revel und Ehstland an Schweden/ das übrige Lieffland aber an Polen ergaben. Er hatte auch erstlich avantage über Polen/ aber darnach nahm Stephanus Batori ihm Plotzko und viel andere Oerter wieder weg. Er starb An. 1584 und folgete ihm sein Sohn Theodorus oder Fædor Ivanowitz, ein gar einfältiger Herr, mit dem die Schweden umb Ingermanland Krieg führeten. Als dieser Fædor ohne Leibes-Erben starb/ practisirte sein Schwager Boris Gudenow das Reich an sich; hatte aber wenig Glück dabey/ sonderlich da der falsche Demetrius mit ihm umb das
Reich

Reich zu streiten begunte: In welcher Unruhe er jähling starb An. 1605. Deſſen Sohn Theodorus oder Fædor Boriſſowitz zwar für Groß-Fürſt ausgeruffen ward; als aber nachmals die Ruſſen zu dem falſchen Demetrio fielen/ward er gefangen genommen/ und erwürget/ nachdem er nur ein halb Jahr den Namen eines Groß-Fürſten geführet.

§. 3. Nach dieſem maſſete ſich An. 1606. Baſilius Zuski das Reich an. Dieſem bote König Carl IX. von Schweden Hülffe wieder den zweyten falſchen Demetrium an/die er anfangs nicht annehmen wolte. Aber nachgehends da jener überhand nam/ ſuchte er ſolche eiferig/ mit Verſprechen Kexholm dafür an Carolum zugeben; der ihm auch Pontum de la Gardie mit etliche tauſend Mann zu Hülffe ſchickte/ die den Ruſſen zwar gute Dienſte thaten; als aber dieſe die verſprochene Plätze zu liefern/ allerhand Außflüchte ſuchten/ bemächtigten die Schweden ſich derſelben mit Gewalt/durch welche Gelegenheit Carelien und der Reſt von Ingermanland an Schweden kommen. Wie dieſer Baſilius Zuski in der Polen
Hände

Hände geliefert / der falsche Demetrius erschlagen / und Printz Uladislaus von Polen Groß-Fürst erwehlet worden / ist bereits erwehnet worden. An. 1613. hat endlich das Russische Reich behauptet Michaël Fæderowitz, des Patriarchen Theodori Mikitowitz Sohn / den er mit Johannis Basilidis Tochter gezeuget / der mit Schweden und Polen Friede gemacht / und Russen wieder in guten Stand gesetzet. Dem folgete An. 1645. sein Sohn Alexius Michaelowitz, der An. 1653. die Polen angriff / und ihnen Smolensko und Kiow abnahm / auch Litthauen schrecklich verwüstete. Fiel auch An. 1656. in Liefland ein / und eroberte Dörpt / Kokenhausen / und andere geringe Plätze / aber von Riga muste er mit grossem Schaden abziehen; Gab aber bey dem Frieden an Schweden alles wieder. An. 1669. machte ihm ein Rebell Stephan Katzin genandt / viel Hände / bracht Casan und Astracam unter sich / und that im Lande grossen Schaden / ward aber endlich gefangen / und bekam seinen Lohn / und ward alles wieder zu Gehorsam gebracht. Weil auch viel Cosacken sich in des Groß-Fürsten Schutz begeben / ist er dadurch mit den Türcken in Krieg gerathen / dabey er nicht viel Seyde gesponnen. Er starb An. 1675. und hinterließ das Reich seinem Sohn Fædor Alexowitz, einen kräncklichen Herren/ welcher womit er sich wird bekandt machen/ muß die Zeit lehren.

Das IX. Capitel.

Von Italien.

§. 1. Nachdem im Römischen Reiche von Julio Cæsare, und Augusto die Monarchie wieder eingeführet / und nachmahls das Regiment vielen gefährlichen Veränderungen unterworffen war/ kam das Käyserthum endlich auf Constantinum Magnum, welcher den Christlichen Glauben annahm/ und Anno 330. von Rom auff Byzanz zog/ und dieselbige Stadt nach seinem Nahmen Constantinopel nennete. Nun hatte er drey Söhne/ und verordnete es also/ daß einer/ nemlich Constans, Italien regieren solte. Doch dieser ward umbracht/ und gerieth das Land in solche Con-

Confusion, daß die Gothen/ Wenden und andere barbarische Völcker fast nach Belieben darinnen hauseten/ und das schöne und wolgebauete Italien/ zur Wüsteney machten. Endlich behielt An. 491. der Gothen König Theodoricus die Oberhand/ also daß der Griechische oder Constantinopolitanische Käyser Zeno, welcher es nicht ändern kunte/ ihm die Possession confirmirte/ und das Königreich Italien völlig überließ. Und diese Gothen hatten zu Veron ihre Residentz/ und richteten Italien sehr löblich wieder auff/ biß Käyser Justinianus An. 550. einen glücklichen Einfall that/ und sich des gantzen Landes bemächtigte. Als nun der Käyser starb An. 565. und seiner Schwester Sohn Justinus II. an das Regiment kam/ ward der/ so das Commando über die Armee zu Justiani Zeit führete/ von der Käyserinn schimpfflich gehalten/ also daß er die Longobarden aus Ungarn und Oesterreich in Italien lockte/ und ihnen Gelegenheit gab/ ein und ander Theil abzuzwacken/ biß endlich An. 571. Alboinus sich zum Könige in Italien erklärete. Inzwischen schickten die Griechischen Käyser einen Gouverneur in Italien/

en/ welcher die übrigen Provintzen regieren muste. Solcher ward Exarchus genennet/ und hatte seine Residentz zn Ravenna: biß endlich Aistulphus der Longobarden König Anno 752. Ravenna einnahm/ und den letzten Exarchum wieder in Griechenland verjagte.

§. 2. Als nun solcher Gestalt die Stadt Rom/ worinn der Pabst dazumahl lebte/ in grosser Gefahr war/ und von Constantinopel keine Hülffe zu hoffen hatte/ wandte er sich zu den Frantzosen/ und erhielt erstlich/ daß Carolus Martellus, der vornehmste aus den Fürsten/ sich des Päbstlichen Stuhls annahm. Nachmahls ließ er sich mit den Frantzosen/ noch in ein genauer Bündnuß ein/ und erließ ihnen den Eyd/ welchen sie dem Könige Chilperico geschworen hatten/ daß sie solchen in ein Closter stossen/ und an seine Stelle den Pipinum, Caroli Martelli Sohn/ zum Könige erwehlen möchten. Also war Pipinus wiederum Danckbahr/ auch dessen Sohn Carolus M. brachte es so weit/ daß die Longobarder Anno 773. aus gantz Italien vertrieben wurden. Hierauf überließ Carolus M. dem Pabste ein groß Theil von Italien/ gleich als wäre solches das Patrimonium Petri, welches dem Päbstlichen Stuhle allbereit von Constantino M. geschencket worden. Hingegen beredete der Pabst das Röm. Volck/ daß Carolus M. An. 800. in der Christ=Nacht als Römischer Käyser außgeruffen ward. Gestalt auch hernachmahls Nicephorus zu Constantinopel leicht willigen konte/ daß nunmehro zwey Käyser/ einer in Orient/ der andere in Occident regieren solten. Und hierdurch ward nicht allein Italien/ sondern auch die Stadt Rom mit dem Pabste/ dem Käyser unterworffen: wie es denn hernach in der Theilung bey des Caroli M. Nachkommen also gehalten ward/ daß derjenige/ welcher Italien besaß/ auch zugleich den Titel Augusti oder des Käysers führete. Doch ihre eigene Uneinigkeit war Ursache/ daß unterschiedene Herren sich in Italien auffworffen/ welche entweder als Fürsten oder Könige/ oder auch gar als Käyser regieren wolten/ und weil der Pabst den nächsten muste am liebsten haben/ so ließ er sich wenig anfechten/ ob die Teutschen Könige ein besser Recht auf das Käyserthum hätten. Endlich drang

Käyser

Käyser Otto I. durch/ überwand An. 962. den Berengarium, und ward vom Pabste als Römischer Käyser gekrönet. Weil nun der Pabst dem Käyser unterthan war/ suchte man allerhand Mittel/ die Käyserliche Gewalt zu brechen/ und ein freyes Pabstthum auffzurichten. Drum gieng es sehr wunderlich durch ein ander/ und hatte bald die Käyserliche/ bald die Päbstische Faction die Oberhand; biß Gregorius VII. der zuvor Cardinal Hildebrand hieß An. 1076. den Käyser Henricum IV. in den Bann that/ auch aus unrechtmässiger Gewalt einen andern Käyser Rudolphum erwehlete.

§. 3. Hierauff war Henricus nicht faul/ und wolte den Pabst absetzen: allein die Verfolgung war zu groß/ weil absonderlich die Teutschen Fürsten/ auch der Sohn Henricus V. selbst wieder ihn verhetzet wurden/ daß er also endlich gleichsam im Elende sterben muste. Zwar Henrico V. gieng es nicht besser; Denn als er Anno 1111. auff Rom kam/ wolte ihn der Pabst nicht krönen/ biß er die Investitur aller geistlichen Fürsten zu Päbstlichen Händen übergeben hätte. Doch dazumal zwang er den Pabst/ daß er von
sol-

ſolchem Begehren abſtehen muſte
aber ward er der groſſen Unruhe
überließ An. 1122. im Convent z
das Recht/ die geiſtlichen Perſ
den Ring und Stab zu beſtätig
Pabſte. Wodurch alle geiſtli
mehr des Pabſts als des Käyſe
worden ſind. Doch dieſes war
lichen noch nicht genug/ ſonder
ferner dem Teutſchen Reiche all
entziehen. Hierzu fand ſich in
eine bequeme Gelegenheit: den
ward Conradus III. Hertzog in
zum Käyſer erwehlet. Nun hat
ge Käyſer Lotharius ſeine Tochte
cum Superbum, Hertzogen in
Sachſen vermählet/ und hatte
Hoffnung gehabt das Käyſerthu
gen. Als er ſich aber betrogen fa
1140. aus Bekümmerniß ſtarb/
ſein Bruder Guelfus zu dem Pa
erklärete ſich wieder den Käyſer.
gedachter Käyſer Conradus zu
in Schwaben gebohren war/ ſ
daß in der erſten Schlacht die
dieſes Wort hatten: Hie Welff

ſerlichen hingegen: Hie Weiblingen: Und hierauß haben ſie Anlaß genommen/ daß von der Zeit an in viel hundert Jahr hinauß/ die Päbſtliche Faction den Nahmen der Guelfen, und die Käyſerliche den Nahmen der Gibellinen geführet hat. Denn alſo hatten die Italiener das Wort Weiblingen nach ihrer Mund-Art zerläſtert. Conradus ſtarb Anno 1152. und überließ das Käyſerthum ſeines Brudern Sohne/ Friderico I. welcher ins gemein wegen ſeines rothen Barts Barbaroſſa genennet worden. Dieſer wolte ſich zwar ſeiner Autorität durchaus nicht begeben/ und brachte den Pabſt offt zum Gehorſam. Allein weil er im gelobten Lande viel außrichten wolte/ und indeſſen die Fürſten in Teutſchland einen Auffruhr nach dem andern erweckten/ war er ſelbſt Urſache/ daß ſein guter Vorſatz/ den Pabſt zu bendigen nicht von ſtatten gieng. Denn geſetzt/ daß der Käyſer einen Pabſt erwehlete/ ſo ward von der andern Faction ein anderer dagegen gewehlet/ biß endlich Alexander III. des Käyſers Feind/ die Oberhand behielt. Letzlich ſtarb Fridericus An. 1190. in Syrien/ als er wieder die Saracenen ſtreiten wolte.

§. 4. Ihm

§. 4. Ihm folgete nach sein Sohn Henricus VI. welcher die letzte Erbin von Sicillien geheyrathet/ und sich also dieses Königreichs / dem Pabste zu schlechter Vergnügung/ zugeeignet hatte. Derohalben muste auch dieser Käyser viele Verfolgung ausstehen. Ja als er starb/ ward auff Päpstlicher Seite die Sache/ so gespielet/ daß Fridericus II. sein Sohn vom Käyserthume ausgeschlossen ward/ biß er An. 1218. nach der andern Absterben darzu gelangete. Einige Zeit hernach erhub sich der Streit zwischen der Guelfischer und Gibellintschen Faction auffs neue / und ward Fridericus bald mit der Päbstlichen Excommunication, bald mit einem Gegen-Käyser geplaget. Ja Innocentius III. war so unverschämt/ daß er Anno 1245. an die teutschen Fürsten einen Befehl abgehen ließ/ sie solten in einer Insel im Rheine so lange eingeschlossen werden/ biß sie einen neuen Käyser erwehlet hätten. Auch Henricus des Käysers Sohn ward An. 1249. gefangen und in Bononien geführet / da er/ aller angebotenen Rantzion ungeacht/ biß in das zwey und zwantzigste Jahr/ und also biß an seinen Todt verblieben

ben muſte. Und unter ſolchen Verfolgung ſtarb Fridericus II. An. 1250. Nach welcher Zeit das langwierige Interregnum erfolget/ darinnen ſich der Pabſt von der Käyſerlichen Jurisdiction gäntzlich loßgemacht. Zwar Friderici Sohn/ Conradus, nahm das Königreich Neapolis und Sicilien ein: Doch ward er bald mit Giffte vergeben/ und muſte ſich deſſen Sohn Conradinus gäntzlich ausſchlieſſen laſſen/ unter dem Vorwande/ dieſe Königreiche waren ein Päbſtlich Lehn/ und könten alſo nach Beliebung auff einen andern Beſitzer gebracht werden. Geſtalt auch An. 1264. der Pabſt Carolum, Ludovici IX. König in Franckreich Bruder beruffen/ und ihm das gantze Lehn zu erkennen ließ. Nun rüſtete ſich Conradinus mit Hülffe etlicher Teutſchen Fürſten/ ſonderlich Friderici von Oeſterreich/ und wolte Carolo entgegen ziehen. Aber er büſſete An. 1268. die Schlacht ein/ und ward gefangen. Wie er denn bald hierauf neben dem Hertzoge von Oeſterreich auf gutachtē des Pabſts Clementis IV. durch den Scharfrichter öffentlich enthauptet ward. Doch ſetzte Conradinus vor ſeinem Tode den Manefredum, ſeines

Va-

Vaters Conradi unechten Bruder / zum Erben ein.

§. 5. Carolus blieb in zwischen König/ und und ließ seine Frantzosen mit den Unterthanen so schlimm umbgehen/ als sie nur selber wolten. Drumb wurden die Sicilianer des Regiments bald müde / und machten An. 1283. an dem andern Oster-Feyertage einen heimlichen Anschlag/ daß/ so bald zur Vesper geläutet ward/ ein allgemeiner Anfall/ auff die Frantzosen geschahe/ und nicht einer beym Leben blieb. Hiermit berufften sie Petrum, König in Arragonien / welcher die Constantiam des Manefredi Tochter/ geheyrathet hatte/ und des Conradini Handschuh/ den er von dem Tode von sich geworffen/ als ein Zeichen seiner Erbschafft/ mit sich führete. Also ward er gekrönet / und weil die Frantzosen unterdessen in Neapolis blieben / entstunden zwey Königreiche / eines das Neapolitanische / das andere das Sicilianische / massen An. 1288. solches durch einen Frieden verglichen / auch An. 1296. durch eine Heyrath bestätiget ward. Kurtz hierauff begieng Pabst Clemens V. einen grossen Fehler/ daß er An. 1305. den Päbstlichen

lichen Stul von Rom auff Avignon in Franckreich verlegte. Denn da hatten die Römer Gelegenheit ihre Freyheit besser in acht zu nehmen: Auch die Italiänischen Fürsten und Städte kunten mit leichterer Mühe ihre Herrschafft erweitern. Doch Teutschland war es wenig gebessert. Denn Ludovidus VI. der Käyser muste sich vielfältig verfolgen lassen/ biß Carolus IV. an die Stelle kam/ welcher sich gegen den Pabst besser accommodiren kunte. Endlich versetzte Gregorius XI. den Päbstl. Stuhl wieder auff Rom An. 1377. Doch als er das folgende Jahr starb/ erfolgete eine grausahme Trennung/ indem die Römischen Cardinäle Urbanum VI. die Frantzöschen aber zu Avignon Clementem VII. erwehleten. Da zertheilete sich nun gleichsam die gantze Christenheit. Und welches sehr ärgerlich war/ so that ein Pabst den andern in den Bann. Endlich kamen Anno 1409. etliche Cardinäle zu Pisa zusammen/ und setzten alle beyde Päbste ab/ und erwehleten einen neuen. Wodurch sie nicht mehr als dieses erhielten/ daß nun drey Päbste auff einmahl regieren wolten/ welche einander in den Bann thaten.

Johan-

Johannes XXXIII. war zu Rom. Gregorius XII. zu Rimini in Italien. Benedictus XIII. in Franckreich / von dar er in Spanien fliehen muste.

§. 6. Damit nun diesem Unwesen endlich abgeholffen wurde / ward An. 1414. durch Zuthuung des Römischen Käysers ein freyes Concilium zu Kostniz außgeschrieben / in welchem alle drey Päbste abgesezet/ und an ihre Stelle An. 1417. Martinus V. erwehlet worden. Als aber in diesem Concilio die päbstliche Gewalt trefflich beschnitten ward/ und An. 1431. zu Basel dieses Concilium solte fortgesetzet werden/ beschrieb Eugenius IV. ein ander Concilium zu Ferrar An. 1438. welches das Jahr hernach auff Florentz verleget ward. Und da kam der Käyser von Constantinopel Johannes / und versprach/ wofern ihm wieder den Türcken würde geholffen werden/ so wolte er den Pabst auch in seiner Kirche vor das Oberhaupt erkennen. Aber wie der Griechische Patriarch mit diesem Anerbieten nicht zu frieden war/ brachte es der Pabst dahin / daß er ohne Hülffe gelassen / und also Constantinopel bald hierauff in Türckische Hände gespielet ward.

ward. Inzwischen citirten die Väter des Concilii zu Basel Pabst Eugenium vor sich / und weil er nicht erschien / erwehlten sie an seine Stelle einen Hertzog von Savoyen / welcher Felix V. genennet ward. Wiewol dieser nach zehen Jahren / aus Liebe zur Einigkeit / selbst wieder abdanckete. Als nun das Pabstthum sich etwas wieder erholete / kam Alexander VI Anno 1492. auff den Stuhl / welchen man mehr eine Bestie / als einen Menschen heissen mag. Dieser hatte einen unechten Sohn / welcher Cæsar Borgia hieß / und den bekannte Machiavellum, als einen Secretarium brauchte / dessen Symbolum war: Aut Cæsar, aut nihil. Und dannenhero bemächtigte er sich vieler kleiner Herrschafften / welche bißhero entstanden waren / und gedachte mit der Zeit gantz Italien / ja wol das gantze Käyserthum zu bemeistern. Allein er starb plötzlich An. 1503. von einen vergiffteten Wein / so er auff einen angestelleten Panckét den Cardinälen / so ihm in seinen Vorhaben hinderlich waren / zu reichen befohlen / aber aus Unvorsichtigkeit ihm selbst dargereichet ward / und sein unechter Sohn ward auch mit genauer Noth gerettet.

§.7. Hier-

§. 7. Hierauff zog Pabst J[u...
Güter zu sich/ welche Cæsar Borg[ia...
cket hatte/ und weil er eines Mart[...
müths war/ verhetzte er den Kö[nig...
Franckreich und Spanien wied[er...
diger/ und brachte sie Anno 15[0...
Confusion. Allein wie er en[d]lich...
sich des Krieges wenig würde zu [...
ben/ und daß er viel mächtige [...
Italien gelocket hätte/ welch[en...
Schaden thun könten/ als die [...
zog er sich allmählig von den [...
rücke/ und lösete die Venediger vo[n...
ne. Solches gefiel dem Käyser [...
nahm er sich der Sache wenig a[n...
merckte der König in Franckreic[h...
meistentheils wieder ihn gericht[et...
brachte es mit des Käysers gutac[hten...
daß etliche Cardinäle zu Pisa [...
um wieder den Pabst ausschri[eben...
hierauff mit der Armee so n[...
Pabst/ als auff die Venediger l[...
wol alle/ welche sich des Co[ncilii...
theilhafftig gemacht hatten/ [...
erkläret worden/ auch zu dem [...
der Concilium zu Rom anges[...

dennoch muste der Pabst sich zur Gegenwehre stellen: Allein die Päbstlichen sponnen bey dieser Sache wenig Seide/ und wäre in der Schlacht vor Ravehna An. 1512. da des Pabsts Kriegs-Volck fast biß auffs Haupt erleget ward/ nicht der Frantzosen General geblieben/ hätte es um Rom selbst mißlich gestanden. So verzog sich die Sache/ und starb unterdessen Julius II. An. 1513. Derohalben brachte es der neue Pabst Leo X. dahin/ daß der König in Franckreich sich zu dem Lateranischen Concilio accommodirte/ und in einen Frieden willigte.

§. 8. Alldieweil auch die Spanier numehr in Italien mächtiger waren/ schien es/ als wolte der Päbstliche Stuhl mehr von der Frantzöschen Freundschafft halten. Dannenhero als An. 1527. zwischen beyden Cronen wegen des Königreichs Neapel ein neuer Krieg erwachsen war/ und der Pabst Clemens VII. Carolo V. heimlich zu wieder war/ kam die Spanische Armee unversehens vor die Stadt Rom/ nahm dieselbe mit stürmender Hand ein/ und verübte unerhörte Grausamkeit mit Plündern/ Rauben/ Schänden und dergleichen. Der Pabst zwar war auff
die

die Engelburg entwischet/ und nachdem er gantzer sieben Monat belagert worden/ kam die Sache zum guten Vergleiche. Massen auch der Käyser sich erklärte/ solches alles wäre wieder sein Geheiß und Vorwissen geschehen. Indem sich nun der Käyser mit dem Pabst verglichen/ward er zu Bononien An. 1530. gekrönet/ nach der alten Gewohnheit/ da man in der eiteln Einbildung stund / es muste der Käyser nach der Teutschen Cron auch die Römische empfangen Wiewol als die Procession angestellet und deswegen eine holtzerne Brücke von dem Pallast biß in die Kirche geleget ward/ zerbrach dieselbe von der grossen Menge des Volcks. Also daß schon dazumal prophecyet wurde/ dieser Käyser würde gewiß der letzte seyn/ der über dergleichen Brücke gegangen wäre. Gestalt auch biß auff diese Stunde kein einiger Käyser die Römische Crone weiter gesuchet hatt.

Weil die Historie von Italien sich numehr in gar zu viel und unterschiedene Herrschafften zertheilet / als da sind: Das Königreich Neapolis; die Herrschafft Venedig; das Mäyländische Gebiet; das Florentinische Gebiet; Das Fürstenthum Parma/ Modena und Mantua; so will hiermit den geehrten Leser zu denen außführlichen Beschreibungen verwiesen haben ; Gestalt dann dieses Wercklein nur ein Summarischer Entwurff von der Historie/ und also nicht alles vollenkömmlich hat herbey gebracht können werden. Inzwischen kan ein jeder / welcher dieses Studium durch Lesung außführlicher Wercke treiben will/ zu Anfangs dieses wenige ihm recommendirt seyn lassen/ verhoffentlich wird ein nicht geringer Nutze darauff erfolgen oder daraus zu gewarten seyn.

E N D E.